Martin Walser · Heilige Brocken

Martin Walser

Heilige Brocken

Aufsätze, Prosa, Gedichte

Edition Isele

EDITION ISELE

Neu-Edition der Auflage von 1986 im Auftrag
des Autors herausgegeben von Klaus Isele

ISBN 978-3-86142-626-4

www.klausisele.de

Herstellung:
BoD – Books on Demand, Norderstedt

Inhalt

Hiesiger Lebenslauf

Für Heinz Saueressig

Ich kann nicht ausholen und abheben
der Schwung liegt in der Sonne und schläft
die Räusche aus von früher
die nicht auszuschlafen sind
Ich krieche dem Weizen nach in die Moore
den Mooren nach in die Wälder
dann fall ich mit Apfel, Birn und Kirsche
zwischen Hopfen hinab zum See
Ich murmle: Kultur. Ich flüstere: Klöster
Ich kicke die Zwiebel vom Kirchturm, der Kirchturm
versinkt in Hügeln vom Himmel getropft
Wir liegen alle schwer und voll Vertrauen
Uns geht es gut im schönen Land
Wir sind nicht zufrieden
Weidend in einer fetten Legende
schützen wir uns vor Liverpool Gelsenkirchen
den Kriegen des entwickelten Kapitalismus
mit dem Kranz der Wälder
deren schönes Schweigen
schöne Echos in uns weckt
Wir haben immer ein süßes Jenseits zu Gast
barock streckt der Tod den Tanzfuß
semper durch gekonntes Gewölk
mitten im Tode sind wir vom Leben umfangen
hier herrscht hohe Huld
hier stirbt man spät und unvollendet
Wir gehen aus vom Winter
dem mit Kachelofen und Eisblumenblühn
Gesichter stoßen sich hoch mit Gesang

wir schlagen los mit der Pritsche
und tun heuchlerisch mit Asche und Fisch
durch die violette Kirche singt
eine Frauenstimme wie aus Licht
dass wir ein für alle Mal verloren sind
vor Scham pervers
unseren Witzen wächst kein Bart
jetzt wären wir also Christen
Und kommen nicht fort
weil die Hügel uns belagern
weil uns die Blüte Wochen kostet
die Kirschen uns Augen machen
der Sommer uns umhaut und umarmt
der September uns die Ohren vollorgelt
der Oktober grell kassiert
der Säntis mit Drei Schwestern sein Theater treibt
Veranstaltung um Veranstaltung reißt
unsere Köpfe um die nasse Ellipse
du bist außer dir
wir sind außer uns
wir leben hier als Benommene
der Föhn reißt Risse in den Traum
dann schließt der Nebel alle Poren
Rosen sehen im November aus wie Wunden
aber schon starten die Kerzen ihren Schwindel
wir drehen uns
sinken im Korkenzieherschwung
in das Kristallkissen der letzten Nacht
wir liegen arg und eben
wieder eine Seele verduftet
Holldrio holldrio
Sankt Dornier hol mich doch
mit dem Hubschrauber in den Himmel hoch
für den uns Pfarrer Dillmann trainiert hat

und schmück deinen Hubschrauber mit Winterschilf
und bestreu den Startplatz mit halbmondförmigen
Zehennägeln die eine Mädchenklasse
bitte stiften soll Holldrio holldrio
Ach lass es Sankt Dornier
Pfarrer Dillmann ruhe unblamiert
wir sinken schon aus eigener Schwere
abwärts mit Sankt Barbara
durch Geweide und Eingeweide
bis wir drunten sind beim rohen Öl
und es um uns vermehren
Endlich zufrieden
weil wir nützlich sind jetzt
und mehr Wärme geben
als wir geben konnten
als wir noch droben lebten
im scharfen Licht
des Oberlands
Holldrio

Heilige Brocken

Ein Beitrag zur Heimatforschung

Für Friedrich Wilhelm Wentzlaff-Eggebert

Gemurmel. Aus einer Kommode. Fast so breit wie der Gang, stand die Kommode im ersten Stock, direkt unterm Fenster. An diesem Gang, die Zimmer 8 bis 14. Nummer 13 hatte der Großvater 12a genannt. Die Kommode war aus Kirschbaumholz. Die oberste Schublade hatte eine Art Stirn, die unterste eine Art Kinn. Vielleicht rundete sich die unterste Schublade weiter heraus als die oberste. Es lief eine Welle über die Vorderseite der Kommode. Die Kommode schimmerte bei jedem Wetter. Kirschbaumrot. Jetzt also das Gemurmel. Aus der untersten Schublade. Nicht in den Jahren, als die Kommode noch größer war als ich. Aber nachher. Nach dem Krieg. Als ich wieder daheim wohnte. Vom Sommer 45 bis in den Sommer 46 hinein. Wenn man in dem Gang auf ächzendem Boden auf die Kommode zukam und dann nach links oder rechts in eines der Zimmer abbog, murmelte es aus der untersten Schublade. Irgendwann also sei es mir zu dumm geworden, dieses Gemurmel, die Schublade sei von mir herausgezogen worden, was werde ich da wohl gesehen haben? Eine Hutschachtel ohne Deckel und in der offenen Schachtel vergilbte Sachen. Ein Halbkränzchen aus Seidenblumen. Das wäre also von meiner Mutter, vom Hochzeitstag. Ein goldener Zwicker. Vom Großvater. Eine schwarze Fliege. Oder war sie weiß? Auf jeden Fall gehörte sie am Hochzeitstag an den Hals des Vaters. Und dann sei da, meine ich, ein buschiger Schnauz gelegen. Ein Sammelsurium eben, halb Hochzeit, halb Fasnacht. Nach beidem war mir nicht. Früher, vor dem Krieg, war es eine Art

Leidenschaft von mir gewesen, in Schubladen und Schränken zu wühlen. Offenbar war ich im Spätherbst 45 von einer Knabengewohnheit heimgesucht worden. Aber mich interessierte der Schubladeninhalt nicht mehr. Ich schob die Schublade rasch wieder zu.

Ich war mit der Abiturvorbereitung beschäftigt, hatte nebenher mit Kohlenhandel zu tun und musste auch noch ein Ohr für Kollektivschulddiskussionen zur Verfügung stellen. Auch sollte das Leben endlich anfangen. Aber die Einbildung, dass es aus dieser untersten Schublade murmle, ließ sich nicht vertreiben. Auch als ich nicht mehr daheim wohnte. Abitur, Kohlenhandel, Kollektivschulddiskussionen und Lebensanfang lagen hinter mir, aber die unterste Kommodenschublade tat so, als sei sie zu kurz gekommen. Sie wollte, dass ich Heimweh habe nach etwas Vergilbtem, durch eine Schublade Zusammengehaltenem. War die Fliege jetzt schwarz oder weiß? Ich würde irgendwann auf der Hochzeitsphotographie nachschauen und damit diese Frage aus der Welt schaffen. Ich würde bald einmal hinfahren, die Schublade aufziehen und die Enttäuschung wirken lassen, wenn ich auf diese Überbleibsel von Hochzeit und Fasnacht hinschaute. So, und jetzt?!, würde ich sagen. Schluss jetzt, würde ich sagen, die Schublade zuschieben, um eine Ernüchterung reicher. Was sollten mir die sinnlosen, wertlosen Überbleibsel? Besonders dieser buschige Schnauz. Was war das bloß für ein Schnauz? Der war wahrscheinlich überhaupt schuld an der Einbildung, in dieser Schublade murmle es. Woher denn sonst als aus diesem Schnauz konnte, wenn es eins gab, Gemurmel stammen?

Ende der Fünfzigerjahre war ich so sehr mit dem sogenannten Lebenskampf beschäftigt, dass ich, selbst wenn ich einmal kurz heimkam, nicht bis zur Schublade vordrang. Ich kam einfach nicht mehr dazu, sie herauszuziehen. Sobald ich dann fort war, meldete sie sich wieder. Mit Gemurmel, sozusagen. Ich habe noch einen Beleg für ihre Aufdringlichkeit. Ich versuchte damals, mich durch eine Prosaaufzeichnung aus der Affäre zu ziehen. Ein murmelnder Schnauz in einer Kommodenschublade, das empfahl sich geradezu für eine Behandlung im Stil der damals die Literaturmode bestimmenden Absurden. Ich schrieb das auf, aber eine Erledigung wurde es nicht. Eine Kommode im ersten Stock, an der Stirnseite eines Ganges, fast gangbreit, direkt unter dem Fenster, eine Schubladenfront, über die eine Welle läuft, eine bei jedem Wetter kirschbaumrot schimmernde Kommode, in deren unterster Schublade Hochzeits- oder Fasnachtssachen vergilben, wird man nicht durch eine Versetzung ins Absurde los. Diese Brocken und Bruchstücke von früher wollen nicht so konsequent ins Unwahrscheinliche hineinorganisiert werden, wie es der Stil der Absurden verlangt. Ich versprach den Überbleibseln, sie nie mehr derart zu manipulieren.

Als ich dann wieder einmal daheim war – es muss schon in den Sechzigerjahren gewesen sein – ging ich, so unauffällig wie möglich, in den ersten Stock, ging im Gang auf das Fenster zu, kein Boden ächzte mehr unter jedem Schritt, der Boden war neu, die Kommode fehlte. Im Dachboden war sie auch nicht, nicht im Keller, im Schopf nicht und nicht in der Remise. Niemand wusste, wo sie hingekommen sein konnte. Es war umgebaut worden. Die Kommode war entkommen. Absurd. Aber mir war sie entkommen. Das schon. Sie war nicht mehr da, und keiner wusste, warum. Ich sagte, es gehe mir ja nicht um die glänzend geschwungene Kirschbaumschubladenfront, sondern um die Hutschachtel in der untersten Schublade. Der immer offen daliegende Inhalt dieser Hutschachtel sei sicher, wenn man die Kommode aus dem Haus gegeben habe, zurückbehalten worden. Niemand wusste etwas von dieser Hutschachtel, geschweige denn von Brautkranz, Zwicker, Fliege, Schnauz. Außer mir hatte offenbar von 1934 bis 64 niemand je einen Blick in diese Schublade getan.

Es gibt Schlimmeres als den Verlust eines vergilbten Brautkränzchens, eines verbogenen Zwickers, einer staubigen Fliege, schwarz oder weiß, und eines, ja, was für eines Schnauzes denn? Weder schwarz noch weiß. Grau auch nicht. Eigentlich war er graugrün oder sogar eisgrün. Es muss der Schnauz des Großvaters gewesen sein. Aber das wagte ich nicht zu sagen. Wie käme denn der wirkliche Schnauz des 1934 gestorbenen Großvaters in eine solche Hutschachtel? Bitte, bloß keine absurden Unterstellungen mehr! Seit ich weiß, dass ich diese unterste Schublade nicht mehr herausziehen kann, ist, was darin lag, wertvoller geworden. Teurer. Mir teurer. Der normale Verlauf. Dass man so leichtfertig umgeht mit Unwiederbringlichem! Dieses Panikgefühl bewirkt, dass ich jetzt alles, was mir aus jener Zeit noch in die Finger kommt, ängstlich bewahre. Es ist schon eher komisch, was ich jetzt alles bewahre. Jeden Fetzen eben. Ich fresse der Vergangenheit sozusagen aus der Hand. Sie füttert mich sehr launisch, sehr willkürlich. Mit Bruchstücken und Brocken, Ahnungen, Träumen, Absurditäten, mit Fetzen und Fahnen, grad wie es ihr passt. So entsteht ein Geisterreich. Soll man das Gewölle, das einem die launische Eule von ihren Nachtflügen herspuckt, wieder zusammensetzen zu einem Bild oder Abbild? Soll ich aus dem Brautkränzchen und der Fliege, sei sie weiß oder schwarz, den Hochzeitstag rekonstruieren und aus dem goldenen Zwicker und dem Schnauz den Großvater?

Den goldenen Zwicker kann ich schon einmal nicht brauchen. Der stört mich sogar. Den hat der Großvater offenbar selten aufgehabt. Überhaupt, lesend ist dieser Großvater gar nicht vorstellbar. Der Schnauz dagegen, der strahlte vor Brauchbarkeit. Der eisgrüne Schnauz, oben herauswallend, dann sich wieder zurückbiegend, um erst unten wieder auszuschwingen, das ist der Großvater ganz und gar. Das Gemurmel aus der Schublade ist entstanden aus Heimweh und Schuldphantasie. Wie aber wäre, selbst als stummer Schnauz, der wirkliche Schnauz meines Großvaters in diese Schublade gekommen? Bevor ich diese Frage nicht aus der Welt schaffe, hört das Gemurmel nicht auf. Sicher hat mein Vater seinem Vater nicht, als der tot war, den Schnauz aus dem Gesicht geschnitten. Er könnte es delegiert haben. An den Friseur, zum Beispiel. Der Friseur Häfele kam, solange der Großvater krank war, einmal in der Woche ins Haus und rasierte ihn. Auch den Nikolaus hätte mein Vater bitten können: Schneid dem Vater den Schnauz ab. Der Nikolaus, seinem Dialekt nach zwischen Nördlingen und Augsburg daheim, hieß mit dem Nachnamen Anwander und war in den schlimmsten Zwanzigerjahren bei uns hängen geblieben. Wären wir ein Hotel gewesen, hätte er es zum grüngeschürzten Hausl bringen können. Aber wir waren eine Bahnhofwirtschaft plus Holz- und Kohlenhandel, also brachte er es nur zu einer blauen Schürze. Da er sich jede Arbeit aufladen ließ, hieß man ihn auch, nachts beim schwer erkrankten Großvater wachen. Wie der Großvater gestorben ist, hat der Nikolaus dann nicht sagen können. Er hatte sich neben den Kranken ins Bett gelegt. Da fand man ihn, morgens, neben dem Toten, schlafend.

Dem Toten den Schnauz abzuschneiden –, das war etwas, was von Nikolaus durchaus hätte verlangt werden können. Die nachträgliche Anordnung der im Totenantlitz geernteten Schnauzborsten zu einem naturgetreuen Großvaterschnauz stammte sicher auch nicht von meinem Vater. Mein Vater war ein Klavierspieler. Ich sehe noch, wie seine Hände virtuos durch die Tasten fuhrwerken. Aber diesen Barthaaren wieder zu jenem Schwung zu verhelfen, den sie im Gesicht des Großvaters gehabt hatten –, das hätte der schwächere Sohn dieses stärkeren Großvaters nicht geschafft. Der Nikolaus mag geschnitten haben, der Friseur Häfele, der ja auch im Winter die Perücken für das Gesangvereinstheater schuf, könnte das eisgrüne Schnauzmeisterwerk zusammengesetzt haben. Da mein Vater es eilig hatte, schon nach vier Jahren hinter seinem Vater herzusterben, ist er wohl nicht mehr dazugekommen, sich mit dem glücklich eroberten Schnauz seines Vaters zu beschäftigen. Mein Vater selber trug auf der Oberlippe keinen Schnauz mehr, aber noch ein Bärtchen. Seiner Generation blieb nach dem verlorenen Krieg vom wallenden Schnauz der Siebzigerkriegsgeneration nur noch ein immer kleiner werdendes Bärtchen. Uns, nach einem zweiten verlorenen Krieg, blieb die Oberlippe leer. Daher vielleicht mein Interesse für Schnäuze, vor allem, für mächtig aufwallende, die dann so ausschwingen. In der DDR wäre ich Stalinist geworden. Als Wasserburger konnte ich mich, als der Großvater gestorben war, an Männer wie den Spengler Schmid halten.

Wie hoch hob eigentlich der Spengler Schmid den Ellbogen, wenn er ansetzte, um nach dem ersten Schluck aus dem Bierglas, mit einem schneidig gebogenen Zeigefinger den Schaum aus seinem mächtigen Schnauz zu wischen? Ich behaupte, der Spengler Schmid hob den Ellbogen über Schulterhöhe, nur um dann den schwungvollen Schnauz ebenso schwungvoll, und dann keinen Tropfen in ihm zurücklassend, mit dem schneidigen Zeigefinger nachzuzeichnen. Wenn ich heute den Ausdruck vollkommenen Ernstes brauche, was stellt sich sofort ein: Spengler Schmids Gesicht, während er den Bierschaum aus seinem mächtigen Schnauz wischt. Den Glanz in seinen streng geradeaus schauenden, nicht nach Gesellschaft suchenden Augen muss man feiern, denn es gibt ihn nirgends mehr. Mir liegt nicht an Ergänzung oder Verständnis.

Mir liegt an dem, was erscheint. Aber zu Spengler Schmids Erscheinung gehört es, dass dieser Blickglanz und dieser

Glanzblick nicht unterzubringen waren in dem Häuschen mit den winzigen Fenstern, die noch zur Hälfte hinter Geranienwällen verschwanden. Und hinter diesen mit bizarr gezurrten Gardinen bespannten Fensterchen, die sowieso kaum über die rot schäumenden Geranienwälle hinausschauten, betrieb die gewaltige Frau Schmid ihre Damenschneiderei. Man sah sie so selten wie den Papst. Sie arbeitete ja nicht für die einfacheren Leute des Oberdorfs. Sie sah nämlich aus wie ein weiblich ausfallender französischer General. Sie arbeitete vielleicht sogar ausschließlich für Zahnarzt Itlers Tochter. Wie die angezogen war in den Dreißigerjahren dieses Jahrhunderts, das dürfte eine erstklassige Damenschneiderin Tag und Nacht beschäftigt haben.

Weit ausschwingende marineblaue Hosen trug die Zahnarzttochter. Ich bin im Sommer 1937 im Unterdorf des Öfteren zur Seite gesprungen, wenn diese Itler-Tochter mit einer so ausschwingenden Hose des Weges kam. Aber dass ich für mein Leben getroffen wurde von diesen Schritten, diesen Hosen, das konnte ich nicht verhindern. Wenn man später auf einer Promenade am Pazifik zwischen schwingenden Stoffen hindurchgeht, merkt man, dass alles, was da an der Half Moon Bay schwingt, nur ein Anlass ist, den Schmerz aufzukochen, der seit dem Sommer 1937 in einem schläft und süchtig ist, geweckt zu werden. Man weiß längst, dass es unmöglich ist, den heftigen und angenehmen Schmerz, den die marineblau ausschwingende Zahnarzttochter dem Zehnjährigen antat, wieder zu beleben. Aber in dem Gefühl der Unmöglichkeit der Wiederbelebung jenes 1937er Schmerzes ist der Hauch jenes Sommernachmittags spürbar: Der Zehnjährige, der zuerst in die Nachmittagsandacht musste, bevor er ins Strandbad durfte, wird von einer so und so ausschwingenden Hose getroffen. Was man vermisst, spürt man. Vom Nichthaben hat man etwas. Den Schmerz, die Ahnung, das Andenken, die Feierlichkeit. So geht es zu im Geisterreich

Vergangenheit, in dem die Unfassbarkeiten fuhrwerken wie die Wolken in der Nacht. Erreichbar ist nichts mehr, aber die Unerreichbarkeiten sind in einer Beziehung zueinander, die vor Spannung knistert. Barfuß rennst du heim, allein in der Wirtschaft sitzt an einem vor Hitze und Schatten geradezu öligen Nachmittag der Spengler Schmid und bohrt den unheimlich glänzenden Blick in das senfgelbe Täfer, das einmal im Jahr mit Salmiakgeist gewaschen werden muss, und das geht dann nicht ab ohne tränende Augen. Aber doch erst im späten Herbst. Nur solange die Wirtschaft nach Salmiakgeist riecht, wird sie vom Frommknecht Leo nicht betreten. Das ganze übrige Jahr kommt er und sagt in dem Allgäuton, dem er treu bleibt, dass er meh an Duascht habe wie im Haiat. Immer wieder, außer während der Salmiakgeisttage, hat er diesen Heuerntedurst. Sogar während der Heuernte selbst, sagt er, wenn er eintritt, dass er wieder einen Durst habe wie in der Heuernte. Der Frommknecht Leo hat ein Trompeterbärtchen, das ist ruckzuck abgewischt. Diese Handbewegungen, so ruckzuck übers Bärtchen hin, oder schneidig schwungvoll schnauzauswärts, das sind die wahren Handschriften der früheren Männer, daran kenn ich sie. Wenn der Spengler Schmid seinen Ellbogen über Schulterhöhe hinaus anhob, um die Hand in Stellung zu bringen, dass sie den Schnauz nachfahre, zwirbelte diese Hand zum Schluss noch Spengler Schmids Schnauzspitzen. Ich höre heute noch einen bayrischen Trommelwirbel, wenn ich den Spengler Schmid, der mir vorkam wie ein abgesessener Dragoner, seine Spitzen zwirbeln sehe. Wie anders die Handschrift meines Großvaters. Mein Großvater zwirbelte überhaupt nicht. Er sichelte auch keinen Schaum schneidig hinaus. Sein Zeigefinger war mühsam gebogen und strich müde über den immer trockenen Schnauz. Mein Großvater trank nichts. Er murmelte. Er hatte mich an der linken Hand, die Rechte strich schwer über den schweren Schnauz. Ich habe ihn eigentlich nur noch murmeln gehört. Dieses vom eisgrünen Schnauz beschützte Murmeln hat außer mir niemand mehr gehört. Es war fast immer derselbe Satz, den er murmelte. Wenn i bloß ge Amerika wär. Das war der Satz, den er von 1930 bis 1934 murmelte. Mit einem solchen Satz endet jeder. Den Schlusssatz murmeln wir.

Unsere letzte Einsicht. Die sagen wir nicht mehr laut.

Wir murmeln sie, in der Hoffnung, niemand höre sie, und in der Hoffnung, dass sie doch jemand höre. Sollen Restauratoren verlorengegangene Partien ergänzen. Ich weigere mich. Lieber gebe ich mich zufrieden mit nichts als Schnäuzen.

Jetzt muss Herr Holzei genannt werden, der eigentlich Holzheu hieß. Herr Holzei hat den ehrgeizigsten Schnauz unterhalten in Wasserburg in der ersten Hälfte des 20. Jahrhunderts. Längst hätte auch die Tante genannt werden müssen, die fünf oder sechs Jahre auf dem Hof hinter dem Krummen Steg gearbeitet hat. Sie hat dort die Mannsbilder rasieren müssen. Sie nennt, wenn sie von früher spricht, immer den Friseur, der eine Zeit lang auf die Höfe gekommen sei und seine Sache so ernst genommen habe, dass der den Mannsbildern, die er rasiert habe, mit dem Zeigefinger in den Mund gefahren sei, um jede Backe von innen rund und prall zu spannen, damit dem Messer ja keine Borste entgeh. Jetzt also Herr Holzei, der mir einen Schnauz hinterlassen hat wie kein anderer. Herr Holzei, eher geplagt aussehend und schon seit dem Boxeraufstand am Stock, aber was für ein Schnauz! Herr Holzei geht, vom Sechsuhrzug kommend, sofort von der Bahnhofstür auf die genau gegenüberliegende Bahnhofwirtschaftstür zu; eine Tür, die nach seinem Tod zugemauert werden konnte, weil alle anderen den etwas längeren Weg um die Hausecke verkraften konnten, Herr Holzei aber nicht. Das heißt, es war sichtlich sein gewaltiger Schnauz, der ihm deutlich voraus war, der es nicht erwarten konnte, bis er in den schönen Schaum tauchen durfte. Wenn

Herrn Holzeis Schnauz aus dem Schaum auftauchte, hatte Herr Holzei noch nichts getrunken, nur sein Schnauz hatte sich voll und voll gesogen, also konnte Herr Holzei nicht etwa à la Spengler Schmid die ganze Bierpracht nach links und rechts mit schneidigem Zeigefinger hinauswischen, Herr Holzei war Militärsattler, er hatte nichts zu verschleudern, und Durst hatte er mindestens so wie sein Schnauz, deshalb fuhr jetzt seine Unterlippe aus und hoch und schnappte nach dem Schnauz, kriegte ihn zu fassen, wie man's auch ausdrücken mag, jetzt trank Herr Holzei seinen Schnauz leer. Und wenn Herr Holzei das Bier dann schluckte, dann klingelte es. Das Bier. In Herrn Holzei. So klingelte höchstens der Krebsbach im Frühjahr über die Steine wie das Bier in dem von der Kasernenluft ausgetrockneten Militärsattler Holzei. Höchstens im Beck Werner klingelte es so, wenn der sich ganz durchbog und das Bier hineinschüttete in das von der Backofenglut ausgedörrte Bäckerinnere.

Oh ja, damals gab es klingende Gurgeln. Eine gehörte Dulle, der wahrscheinlich Tülle hieß. Ein Zimmerergeselle aus Buxtehude, der sich mit seinem schwingenden Kittel und der schwingenden Hose hier verfangen hat und dann hängen geblieben ist. Eine Sprache wie ein Segelschiff. Ein Schnauz wie Messing im Sonnenuntergang. Immer Ende März strebte der abenteuerliche Dulle mit mir und mit dem zugereisten Wachsfabrikanten Mehltreter, einem meiner Gönner, über den Lausbüchel hinüber. Wir mieden die vor sich hinschmelzenden Schneewälle des nördlichen Pfarrwaldrandes, das wassersammelnde Mittelseeried, die Richtung war Winterberg, das Ziel Krebsbach, der Zweck: Krebse. Die beiden Männer fingen Krebse mit bloßen Händen. Bevor die in den Kübel kamen, den Dulle trug, gab es Krebseier, die die zwei den Krebsen abstreiften oder abpressten, und ich musste Herrn Mehltreter, der mir alles gönnte, solche Krebseier aus der Hand lecken, weil das das Höchste sei, was man überhaupt kosten könne. Der abenteuerliche Zimmerergeselle, der etwas Gold am Ohrläppchen trug, und der elegant tendierende Wachshersteller, der viel Gold an den Fingern trug, waren ganz eins in ihrem Krebsfieber; andächtig drehten sie dunkle Rücken zu hellen Bäuchen, streiften von denen das farblos Glitzrige triumphierend auf ihre Hände, ich leckte meinem Gönner das Glitzrige von seiner Hand. Er war aber ein Kettenraucher. Drei seiner Finger waren rundum goldbraun. Ich bewunderte diese verfärbten Finger. Die ersten Bubenzigaretten rauchte ich nur, um auch solche Goldfinger zu bekommen. Das waren die unschädlichsten Zigaretten meines Lebens, weil ich sie zum Mund nur führte, wenn sie wieder auszugehen drohten; hauptsächlich hielt ich sie zwischen den Fingern, zwang sie, mir drei Finger mehltreterisch zu färben. Weil Herr Mehltreter ein solcher Raucher war, weiß ich nicht, ob das Glitzrige, das ich ihm von der Hand leckte, tatsächlich kaviarartig geschmeckt hat. Ein Kaviarliebhaber ist auf jeden Fall nicht geworden aus mir. Während ich meinem Gönner die Raucherhand lecke, hat Dulle aus seinem ewig schwingenden Kittelsack die Flasche gefangen, sie mit zwei Fingern in seinen braungoldenen Schnauz gestellt und hat seine Gurgel so klingeln lassen, dass der Ende März hell hüpfende Krebsbach gänzlich verstummte.

Weil das so war, wundert es mich nicht, dass die Tante, der ich immer zuhöre, immer die nämlichen Leute und Plätze nennt. Immer mit den nämlichen Worten. Anders als bei jeder anderen anrufenden Litanei, kommt bei der Tante jedes Mal etwas dazu, was sie das letzte Mal noch nicht nannte. Sie spricht ohne Absicht. Sie tastet sich nicht wie ich ängstlich an Bärten und Bärtchen entlang. Sie hat keine Angst vor Wiederholung, sie nennt, was einmal war, weil es einmal war. Nach zehnjähriger Zuhörerschaft weiß ich, dass sie, so alt sie werden mag, niemals zu einem Ende kommen kann. Sie wird immer noch einen Namen und einen Platz und einen Augenblick mehr nennen als beim letzten Mal. Erst jetzt, wenn sie alles beim richtigen Namen nennt, erfährt sie, wie es damals gewesen ist. Und es ist keine Geschichte. Nichts liegt ihr ferner als Geschichte, Gleichnis, Bedeutung, Sinn. Etwa dadurch, dass etwas auf etwas folgt. Wenn man nachfragt, um dieses oder jenes Genannte zur Geschichte ergänzen zu lassen, macht die Tante nicht mit. Ich wage kaum zu gestehen, wie gut mir diese Enthaltsamkeit tut. Verstimmt von den Zumutungen der Bibeltradition, erfahre ich, wenn ich dem reinen Nennen der Tante zuhöre, die Würde des Gewesenen. Sie dient nicht und zu nichts. Meine Tante hat eine wunderbare Genügsamkeit gegenüber dem, was sie sagt. Sie meint nichts, wenn sie die Namen nennt und die Plätze. Nur dass sie gewesen seien, die Leute und die Plätze. Und dass sie nicht mehr sind. Das Nennen ist ihr genug. Mit dem Nennen wird sie, so alt sie werden mag, nicht fertig. Der auf den Hof kommende Friseur ist den Mannsbildern mit dem Zeigefinger in den Mund gefahren, um die Backe, die er rasieren sollte, so rund als möglich auszubeulen, basta. Ich finde, sie feiere, was sie nennt. Feierlichkeit ist ihr aber fremd. Die Brocken selber sind heilig. Ohne weiteres. Möglich, der Knabe, der in dunklen Schränken und bauchigen Schubladen kramte, war auf dem rechten Weg. Ihm genügte es, das Halbkränzchen in die Hand zu nehmen, die Fliege, die natürlich weiß war, den goldenen Zwicker, den eisgrünen Schnauz –, wenn es den gab. Der Zehnjährige wusste nicht, warum er diese Glaskolben, Ordensspangen, Kerzenständer, diese Futterale, diese Schleifen, diese Tücher, diese Schulterstücke, diese Fetzen immer wieder in die Hände nehmen musste. Es waren heilige Brocken.

Dann nahm ihn die Tradition in die Mache. Spitzfindigkeit und Pointe löschten die Empfänglichkeit aus für das, was einmal war. Ergänzung wurde Trumpf, Verunstaltung. Als müsse etwas herauskommen, wenn man nennt, was einmal war. Als genüge es nicht, dass einmal etwas war. Es gibt doch Wiesen im Juni, Mulden, mittags um zwölf, am Sonntag. Wenn die gehörigen Farben versammelt sind – also die Kuckucksnelken, zum Beispiel, dürfen nicht fehlen –, wenn die Temperatur erreicht ist, wenn dann das Glockenläuten einsetzt und dann auch noch das Schmetterlingspaar darüber hinschwankt, dann ist der Siedepunkt erreicht, die Zeit verdampft, es ist jetzt und früher zugleich, und für einen unausdrückbar kurzen Augenblick ist es nur noch früher. Das ist ein solcher Ruck, ein solcher Schock –, sozusagen sofort bist du wieder hier; aber eben einen Augenblick lang warst du im Junisonntagmittag 1937. Das kann im Winter passieren. Der Winter tut sogar, als wüsste er mehr von früher als jede andere Jahreszeit. Haben wir nicht eine Kindheit ganz im Winter verbracht? Erinnern ist feierlich, und der Winter ist feierlich, feierlicher als jede andere Zeit. Der Winter ist konservativ. Erinnerung auch. Winter und Erinnerung, das ist ein Herz und eine Seele. Aber der Herbst ist doch auch so ein Erinnerer. Und erst der Frühling! Und der Sommer erst! Also überhaupt die Jahreszeit. Sie beweist: Jeder ist ein geborener Historiker.

Mir wäre von allen Arten, mit dem Vergangenen umzugehen, das Nennen die liebste. Alles beim richtigen Namen zu nennen, das wär's. Das sage ich und habe Herrn Holzeis Augen noch nicht genannt. Spengler Schmids Blick war glänzend ernst und direkt auf die Salmiakwand gerichtet, Herrn Holzeis Blick aber war der eines Fisches, der vom Fischer aus dem Netz genommen wird. Herr Holzei scheint sich überhaupt keine Illusionen mehr gemacht zu haben. Wenn Herr Holzei anno 32 nach seinem vom Bier gesättigten Schnauz schnappte, waren seine sowieso schon runden Augen zu reinen Schreckkokarden erstarrt. Jedes Mal. Der tragische Militärsattler Holzei hat illusionslos nach dem Bier in seinem Schnauz geschnappt. Der Spengler Schmid hat wie ein abgesessener Dragoner alles, was er nicht mehr sagen konnte, in die Schnauzspitzen hineingezwirbelt. Das Bier hat geklingelt in den Gurgeln, der Krebsbach auf dem Gestein. Der Großvater, ein reines Müdigkeitsgebirge, hat nur noch gemurmelt: Wenn i bloß ge Amerika wär. Sein eisgrüner Schnauz ist dann noch herumgegeistert. Es hat überhaupt viele tragische Clowns gegeben damals. Chaplin, Hitler, Hindenburg, Stalin … Man kann sie gar nicht alle nennen auf einmal. Es ist so eine Zeit gewesen damals für tragische Clowns, tragische Militärsattler, tragische Dragoner, abenteuerliche Zimmerergesellen und Wachshersteller, für murmelnde Großväter, klingende Bäche und klingelnde Gurgeln. Es hat auch andere gegeben, damals. Die muss man auch noch nennen, ein anderes Mal.

(1985)

ZWEI GEDICHTE

's Wasserburger Johr – wia'n as amol gsi isch

Fir d' Johrgänger

D' Wiber rutschand vum Rorate huom,
de Häfele härat: Fliegand bloß it na,
de Schmied Hans grännat, huot pressiert as kuom,
de Waibel luagat, ob ma fahra ka.

Beim Schäfler hosch de Kegel dreha loa,
de Schmied Frei hot de Ring drum gmacht,
etz kaasch woalle i d'Bucht abegoah,
do schdond scho schducka sechs odr acht.

Iskegla, Schlidda odr Kaateschbilla,
mit'm Hege Sepp i de Reschtratioa.
Peterers duond de Schnaps abfilla,
de Taubeberger blibt bi de Gierere schtoah.

D' Fasnachtbutze bröland, ieberall heersch's klepfa,
Weberhannese Johann macht us Schnee an Elefant,
Helmers Franz duot Gickeler kepfa,
Frommknechts Irmgard wirft an Ball a d'Wand.

Hurawinter, mach dass furtkummsch etz,
z'Wasserburg kaasch etz numma bliebe,
aalls isch g'flickt, an jede Irmel hot sin Bleatz,
d' Bemm sind gschdutzd und wend etz driebe.

An Oschtra isch aals grie und geal,
de Pfarrer muont, etz heie m'r's gwunne,
de Beck Werner bruucht an Hufe Meahl,
Sempers Robert blinzlat i d'Sunne.

Im Moos siehsch Friedls Buaba froscha,
bei Doktors duot ma Deppich klopfa,
de Dulle rupft a Blättle vum a Bosche,
d'Mädlen schtond vor d' Schbiagl und duond zopfa.

De Höscheler hot de Maialtar gricht,
etz ka de Grübel Anton singe,
de Späthe Karl wird blau im Gsicht
uomol wedd er halt de Goppler zwinge.

Im Summr macht ma große Schritt,
muont wunder was und roiflet
barfuß d'Maiehalde rab, as git
Kriase grad gnua und s'Geld wird g'häuflet.

Im Buabebad brennt's Feierle,
unterem Häs kummen wieße Liebr rus,
de Walter huckt uf'm Meierle,
der will Pfarrer wera, der ziaht se it us.

D'Nächt sind heall, jeds Feanschtr offe,
de G'sangverein duot grad wia wild,
i so'ra Nacht isch amol uine vasoffe,
de letzschde Wunsch hot ihr de Valentin erfillt.

Uf de Huinze hangat zletzschd de Summr,
i de Pappla sammland se d' Vegl zum Goah,
bei Pfeffers dean glitzgat no a gotzige Gugummr,
mir muond etz halt vum Summr loa.

Epfl gond und Riabe kummen,
Zurna und Krätta hond Saison,
de Kriagerverein sorgat fir die Stummen,
de Julius fir de Posauneton.

Gmoschdat isch, mir wearend it vaduarschde,
de Meßmer Done metzgat d'Su im Kär,
der bießt de Spaga ab bem Wuarschte,
de Holzmann Sepp zoaget an Muschkl her.

Mir winterend i, wia wemm'r nia meh Friahling hetten,
d'Schoafkopfer fangend friaher a am Samsdag etz,
d' Schiff im Neabl duond, wia wenn se blära däten,
etzt mit'm Kohlehändler Krach ho, des wär leatz.

As wird afange gar numm Daag,
s' Lenele schiabt no's Bleatzlebleach i's Rohr,
denn gruabat ma, hoschduabat, was as liede mag –,
so isch as gsi, amol, des Wasserburger Johr.

Etz schwätze m'r halt davu, wia'n as gsi isch,
woasch no, de Wanger, de Küafer, de Beck,
see huckend numm dinn am runde Disch,
i ka se riabig riafe, i glaub it, dass i no uin weck.

(1984)

Zletzschd

Für Eduard Hindelang

Diafer dinn hoasch a Schbroach
dia schwätzsch mit kuom
die goaht dr noach
i dera bisch dahuom

Doa git as Setz
dia kaasch numma bruuche
Werter wia Kietz
ze denna muasch abeduuche

Dees hoasch vu disam, sell vu deamm
asa kleana kaasch no nea
I woaß no gnau vu weamm
i's ho, abr i kaa's kuom meh gea

(1986)

Zweierlei Füß

Über Hochdeutsch und Dialekt

1. Referenzen

Es ist, als würde ich eingeladen, an einem Trachtenfest teilzunehmen, hundertfünfzig Kilometer von daheim. Ich werde eingeladen, weil man gehört hat, ich sei noch im Besitz einer ererbten Tracht. Wenn das stimmt, nützt es doch nicht viel, weil ich, wo ich wohne und wie ich dort eingeführt bin, das Haus nicht in der Tracht verlassen könnte. Etwa zum Bahnhof zu gehen in ihr, wäre unmöglich. Im Citröen zu fahren in der Tracht, wäre grotesk. Die einzige Möglichkeit wäre, wenn ich in Normalkleidung zu Hause wegfahren und mich unterwegs umziehen würde. Hinter einer Mühle vielleicht.

Ich kann ja nicht im Hotel in Normalkleidung ankommen und mich dann zur Teilnahme am Treffen kostümieren. Das wäre lächerlich und würde sofort beweisen, dass das ganze Treffen eine aussichtslose, nichts als künstlich bemühte Veranstaltung wäre. Aber kann ich in der Tracht im Hotel ankommen? Mit meiner Reisetasche? Unmöglich. Also bleibt nur: Ich muss das Trachten-Treffen in Normalkleidung besuchen. Egal, ob ich zu Hause eine Tracht habe oder nicht, ich kann auf dem Trachten-Treffen nur von ihr erzählen. Vorführen kann ich sie nicht. Ich bin kein Dressman für Vergangenheit.

2. Distanzen

Wie ist es, wenn man in hochdeutscher Sprache über den Dialekt redet? Ist es so, wie wenn man mit Handschuhen einen nackten Körper betastet? Oder ist es, wie wenn man das Fernrohr umdreht, um große Dinge klein und entfernt erscheinen zu lassen? Die Mundart würde, egal worüber man in ihr spräche, alles unverschämt groß erscheinen lassen. Wenn man in ihr über sie selbst spräche, das wäre maßlos. Meine Zweifel sind in der Mundart nicht auszudrücken. Sie sind ja dadurch entstanden, dass ich mich von der Mundart entfernte. Seitdem ist alles zweifelhaft. Ich könnte auch sagen: wählbarer. Oder: abstrakter. Die Mundart ist die Sprache mit der größten Notwendigkeit. Das Bedürfnis, dem sie entspricht, ist unanzweifelbar. Deshalb ist sie konkret. Wo sie nicht mehr mitkommt, beginnt die Beliebigkeit. Die Möglichkeit. Auch die Möglichkeit der Emanzipation. Die Möglichkeit der Vorstellung der Freiheit.

Ich hoffe, dass ich irgend etwas bekommen habe für die Vertreibung aus dem Paradies, in dem alle Wörter stimmten. Ich bin nicht sicher, ob ich etwas bekommen habe. Außer Zweifel. Ich weiß immer noch nicht, ob es sich lohnte. Ich habe die Emanzipation nicht gewählt.

In der Mundart zu bleiben, das hätte in meiner Generation und Lage bedeutet, auf den Hof zurückzugehen, den die Eltern schon verlassen hatten. Man kann den Dialekt nicht bewahren, wenn man die Gesellschaft, die ihn entstehen ließ, zerstört. Das Alemannische hat in meiner Gegend keine Gesellschaft mehr, nur noch Refugien. Selbst Baden, seine letzte deutsche politische Fassung, ist seit mehr als zwanzig Jahren dabei, von Stuttgart aufgetrocknet zu werden; das seinerseits aufgetrocknet wird von einer Export-Import-Mentalität, deren reales Heil und Selbstbewusstsein von dem Grad internationaler Konkurrenzfähigkeit bestimmt wird. Kapitalismus, das heißt Ausbeutung der Ressourcen bis zum Letzten, das heißt bis zu ihrer Erschöpfung.

In diesen Jahren ist man daran, die Provinz zu vermarkten. Provinz und Dialekt. Der *Spiegel*, zum Beispiel, der, in einer lächerlichen Gleichsetzung von *Franz Josef Strauß* und *bayrisch*, jahrelang das Bayrische als eine unablegbare Rückständigkeits- und Dümmlichkeitstracht behandelte, lässt jetzt eine Dialekt-Story schreiben. Ein Trend soll ausgedrückt und dadurch verstärkt werden.

Man ist in diesem Jahr für den Dialekt. Das ist ganz genau dasselbe, wie wenn *man dagegen* wäre. Es gibt Themen, die in den Medien wirklich erscheinen können. Der Dialekt ist kein solches Thema. Er kann in den Medien nur vermarktet werden, solange die Medien im Dienst einer Ideologie stehen, in der der höchste Aggregatzustand der Materie die Ware ist. Jetzt ist gerade der Dialekt als Ware dran. Nach welchen Wechselgesetzen das so ist, was da was hervorruft, erzeugt und wieder zum Verschwinden bringt, scheint mir nicht durchschauenswert zu sein. Das ist ein Gesetz von der Art dessen, nach dem die Rocklängen wechseln.

Eine Gesellschaft, die unter dem Zwang zum möglichst raschen Kapitalumschlag steht, steht unterm Zwang zur hemmungslosen Innovation, und Innovation ist der Schwamm, der den Dialekt am gründlichsten auftrocknet. Nichts ist dem Dialekt schädlicher, als Ware zu sein in einer immer monopolistischer, also zentralistischer operierenden Gesellschaft. Die Chancen von Dialekten zeigen an die Chancen föderalistischen Denkens; die Chancen föderalistischen Denkens sind der Gradmesser für die Chancen der Demokratie. Demnach hat Demokratie bei uns zur Zeit einen hohen Wert auf dem Meinungsmarkt und einen geringeren Wert in der alltäglichen Praxis. Das heißt, Demokratie und Dialekt werden zur Zeit als Ideologie gepflegt und in Wirklichkeit abgebaut. Ich sage nicht, sie werden als Ideologie gehätschelt, *um* real abgebaut werden zu können. So einfach ist es nicht. Es ist vermutenswerter, dass der Abbau von Demokratie und Dialekt eine fast unwillkürliche Folge des Prozesses ist, dem wir die höchste Wichtigkeit eingeräumt haben: des auf kapitalistischer Grundlage betriebenen Wirtschaftsprozesses, der prinzipiell oder einfach von selbst zentralistisch-monopolistisch tendiert.

Monopol ... das macht nicht Halt bei Benzin, Auto, Stahl und Kunststoff. Das greift spürbar um sich im Presse- und Verlagswesen. Das ergreift das Denken, moduliert das Bewusstsein, also die Sprache. *Freiheitlich-demokratische Grundordnung*, zum Beispiel, aus dieser fast ehrwürdigsten Errungenschaft unserer Geschichte ist eine ideologische Verfolgungsformel geworden, die groteskerweise vor allem in den Kultusministerien angewendet wird. In Kultusministerien, die einst förderalistisch gedacht waren. Die jetzt aber sofort zur Verfügung stehen, wenn es gilt, die in der Ideologie-Zentrale ersonnene militante und inhaltlich total negative »Solidarität der Demokraten« zu praktizieren. Das ist nichts als eine ideologische Formel zur Verfolgung Andersdenkender. Das heißt: Demokratie, Förderalismus, Dialekt ... das sind jetzt Masken und Trachten der Biederkeit zur Durchsetzung von Herrschaftsinteressen. Wer den letzten badenwürttembergischen Wahlkampf verfolgt hat und gesehen hat, wie ein Filbinger in der Biedermannsmaske die Diffamierungsformel *Freiheit* ODER *Sozialismus* durchsetzte, um wieder jene Macht zu bekommen, die dann der Löwenthalfreund Hahn als unser Kultusminister gegen das Grundgesetz praktizieren kann, der muss endgültig misstrauisch werden gegen alles Volkstümliche, wenn es von Herrschaften gebraucht wird.

Ich frage mich, ob ich je etwas Obszöneres erlebt habe als das: den Betrug des Volkes in der Maske des Volkstümlichen. Und dieser schamlose Betrug wurde verübt vor unser aller Augen mit der Formel *Freiheit* ODER *Sozialismus*. Betrug, weil die Filbinger-Leute genau wissen, dass der Sozialdemokratische Sozialismus genau *die* Gefahr nicht enthält, mit der hier gewirtschaftet wird. Schamlos: weil von den Herren, die das wagen, einige einmal Handlanger der Unfreiheit waren, während Sozialdemokraten im KZ saßen.

So etwas geschehen, einen solchen Betrug sich auswirken lassen wie eine Wahrheit, heißt, sich an einem Attentat auf unsere Geschichte, ja auf unsere Geschichts*fähigkeit* beteiligen. Es sei denn, man spiele den Anspruch an den Ernst einer Wahlkampfformel auf die Ebene der Zigarettenreklame herab. Womit unsere Demokratie einfach erledigt wäre.

3. Potenzen

Ich habe die Ohren voll von früher. Die Riesenklänge hängen in mir hörbar herum. Ich kann sie aber nicht herausbringen. Es fehlt mir an Gesellschaft dazu. Die Generation und Umgebung meiner Mutter, das ist der natürliche Ort meines Dialekts. Ein reines Totenreich also. Eine vergangene Zeit in Form einer Sprache. Eine Sprache, für die es weniger Anwendungsmöglichkeit gibt als für das Lateinisch!

Mein Dialekt wird unter Verschluss gehalten. Ich spreche natürlich nicht hochdeutsch zuhause, im Alltag. Aber dieser alltägliche Landläufigkeitsmischmasch ist von meinem Dialekt fast so weit weg wie vom Hochdeutschen. Ich kann die volle Intonation der alten Sprache nicht mehr wagen. Sie klingt zu groß, zu voll, zu hörenswert. Ich würde mich genieren, andauernd so ausdrucksvoll zu sprechen. Das hat der Dialekt also doch mit der Tracht gemein. Ich wäre mir zu sehr dieser Ausdrucksfülle bewusst. Und ich habe keinen Partner mehr dafür. Ein Trachtenträger unter lauter Knagge- und Peitz-Bekleideten ist lächerlich. Also ist mein Dialekt eine Sprache, an die ich nur noch denke.

Ich kann stundenlang sitzen und alle Genauigkeitsgewohnheiten bewundern, die in diesem Alemannischen zu Hause sind. Ich kann mich freuen an der systematischen Empfindlichkeit dieser Sprache gegenüber verschiedenen Realitätsgraden innerhalb eines Zusammenhangs. Gegen die Konjunktiv-Filigrane des Alemannischen kommt das Hochdeutsche ein bisschen straßenwalzig daher. Wenn ich mich nicht täusche, sind auch andere deutsche Dialekte nicht so empfindlich wie das Alemannische, wenn es darum geht, die Abhängigkeit der Nebensätze vom Hauptsatz durch eine Verminderung des Realitätsgrades auszudrücken. Jeder Alemanne zuckt zusammen, wenn er auswärts hört: Er hat uns gefragt, ob wir kommen. Wir wollen hören: *Er hot is g'frogat, ob mir kumme deien* oder *kämen*. Im Hochdeutschen ist das der Klang, der für den Irrealis reserviert ist. Das Alemannische hat für einen Irrealis ein weitertreibendes »t« bereit. Hochdeutsch: Wenn ihr wolltet, kämen wir. Dialekt: *Wenn ihr wedden, kämten mir.* Wie dieses »kämten« die Abhängigkeit von einer Unwirklichkeit durch eine Un-wirklichkeit ausdrückt, empfinde ich als eine Art doppelten Rückwärts-Salto. In der ersten Person Einzahl ist dieses Irrealis-t schon am Sterben. *Wenn du gingsch, gingt i au*: Wenn ich das noch hören will, muss ich schon zu meinen ältesten Verwandten fahren. Ich finde es erstaunlich, dass dieser Dialekt einen solchen exzessiven Gebrauch von einer Form der ersten Vergangenheit macht, weil er doch diese Vergangenheitsform, da, wo sie hingehört, mit geradezu angstvoller Empfindlichkeit meidet und für alles das umständliche Perfekt braucht. Könnte es sein, dass wir uns das Imperfekt für den Normalgebrauch verbieten, weil wir es ganz und gar für unsere Konjunktiv-Filigrane haben wollen?

Es gibt den Dialekt nicht nur als geheimen und scharfen Anspruch an die Hochdeutsch-Grammatik, sondern auch als eigenen Sprach- beziehungsweise Gedächtnis-Frequenzbereich. Da hängen die ursprünglichen Wörter und Sätze in ihrem Schwingkreis von damals. Da gibt es keine Interferenz. Natürlich sterben auch da andauernd Wörter und Sätze. Aber der Vorrat ist fast noch homerisch. Troja und Belagerer: Das ist hier ein Dorf, das mehr Höfe und Häuser namhaft machen kann als die Achaier Völker. Und diese

Höfe und Häuser sind so charakterreich wie die Helden aus Argos, Lemnos, Lesbos, Kreta, Sparta und so weiter. Und die Gegenstände und Gewohnheiten dieser Sprachhöfe und ihrer Bewohner, ihr Leben und Sterben ist sagenhaft. Aber sie existieren in einer Sprache, die Vergangenheit ist wie sie selbst. Sie sind aus dieser Sprache, wie der Baum aus Holz ist. Mir jedenfalls scheinen sie mit allen ihren Lustig- und Traurigkeiten, mit ihrem Achselzucken und Faustmachen, mit ihren schweren und leichten Schritten, mit ihren Stadeltüren, Dengelstöcken, ihren Vieh-, Flur- und Hausnamen (beziehungsweise *-nämen*) immer noch unablösbar zu sein von der Sprache, in der sie existierten. Und diese Sprache ist so verloren wie Böhmen und Schlesien. Das heißt: Jeden Tag ein bisschen mehr.

Ich, ein höchst hinfälliger Aufenthaltsort dieser aus Gedächtnisfrequenz bestehenden Damals-Welt, verlustiere mich immer öfter damit, dass ich mich bequem setze und die alten Frequenzen aufreize und sie mir durch den Kopf schwingen lasse. Was entsteht, ist: eine schlingernde, keinen Augenblick gleichbleibende, empfindliche Körpergeisterwelt *vor* dem hochdeutschen Sündenfall. Lauter Dialektfiguren. Auch die Hereingeschmeckten, Eingeheirateten, Versprengten, Hergespülten tragen in der Lautwelt dieses Dorfs ihre Dialekte wie Hausfarben, Wappen und Standarten. Dieses Dorf ist eine einzige Lautlandschaft, die zu nichts taugt als zur Phänomenalisierung der Wirkung der Zeit.

Nicht wiederzufindende, gänzlich verlorene, zukunftslose Zeit. Jeder Laut dieses Sprachendorfs weist auf seinen langen Herweg zurück und, in mir, auf sein baldiges Ende voraus. Er kann so wenig überleben wie der Hof mit zehn Tier- und fünfzehn Apfelsorten. Also gut, in Ermangelung von Königs- oder Kaufmannsgeschlechtern demonstriert das Dorf die hinreißende Zeit am Versiegen, Vertrocknen, Versterben der Wörter, der Höfe, der Wörterhöfe und Hofwörter. Warum auch nicht. Nein, das Dorf demonstriert nicht und nichts. Es geht lautlos unter. Nicht nur in meinem Kopf, sondern in vielen Köpfen gleichzeitig. Ein Dialekt braucht Gesellschaft, eine Gesellschaft Staat, sonst ist es aus. Das Alemannische in Österreich und Deutschland hat nicht mehr Chancen als irgendeine Tracht. Es ist ein Pflegefall. Also pflegen wir es wenigstens. Wenn ich irgendwo hinkomme, wo das Alemannische noch lebt, komme ich mir vor wie der Amputierte auf dem Tanzboden. Ich bleibe sitzen mit meinen zweierlei Füß', beneide die Tanzenden und wünsche *Viel Vergnügen*.

(1977)

Vom hiesigen Ton

Der Ton ist fest. Immer durchwachsen. Mühelos feierlich, absichtslos ernst. Dieser Ton kennt sich aus. Er weiß mehr als er sagt. Er stammt nicht von Verwöhnten. Man möchte sagen, er sei nachträglich. Er kommt eher zu spät. Er hat sich am Rechtzeitigsein hindern lassen müssen. Er kann so prall wie leicht sein, so einödhöfisch wie feinstädtisch. Er stellt sich gern dümmer als er ist, weil er sicher sein will, dass er nicht klüger tönt als er ist. Er hat keinen Haushofmeister gehabt. Er gäbe gern an, aber dann gibt er lieber doch nicht an. Er ist nicht mutig, aber er ist furchtsam. Er nimmt es sehr genau. Er geht bergauf und bergab. Immer wenn er der Musik begegnet, gibt er zu, dass er Sprache sei. Daran leidet er nicht. Er ist eben von dieser Welt. Er stammt aus bestimmten Gegenden. Wer zwischen Schule und Kirche daheim ist oder zwischen *Krone* und *Lamm*, wer von dort her ist oder sich dahin sehnt, der glaubt, ihn zu kennen. Der Ton ist aus nichts als Vergangenheit. Vielleicht ist immer, wenn etwas aufhört, nachher ein Ton da. Aber den muss man fassen können. Sich nach ihm zu sehnen, ist eins; ein anderes, ihn zu fassen. Heilige, Flüchtlinge, Hirtenbuben, Knechte, Soldaten, Haustöchter, sechstes Gebot, Kirchenfest, Jahreszeit, Zeit. Alles gleich wichtig. Klein und groß –, das gibt es nicht für diesen Vergangenheitston. Ich glaube, jede Gegend hat ihren Ton durch die Art, wie in ihr die Unterdrückung produziert wurde, also das Leiden. Jeder Ton ist ein Leidenston. Äußerst bestimmt durch das, was passierte. Es ist aber schon wieder ein bisschen fabelhaft, wie zum Beispiel die drei Marien im Oberland mit der katholischen Gelassenheit umgehen, die hier den Ton am liebsten für immer angeben möchte. In einer Gegend, in der wunderbare Kirchtürme darüber wachen, dass die Schäflein welche bleiben, haben drei Aktivistinnen ihre Mündigkeit errungen und der höheren Verschlafenheit der Gegend Paroli geboten. Sie pflegen die alten Geschichten, ohne den verordneten Ton. Herrschende Umstände wollen ja nicht nur verordnen, was wir zu ertragen haben, sie möchten uns auch noch den Frequenzbereich zuweisen, in dem wir unsere Klage vortragen dürfen. Auch davon, dass wir das hinter uns haben, handeln die hiesigen Geschichten. Hier lehnt man sich nicht auf. Man erzählt, das genügt. Verklärung und Verfluchung sind ununterscheidbar verwoben ineinander im Ton dieser alten Geschichten. Das Gedicht schafft zwar seinen hohen Gegenstand, durch Preisung, aber es fasst auch den Leerewiderklang, der entsteht, weil der Gegenstand dann doch zu hochfein ist, als dass er sich ganz fassen ließe. Immer alles –, das will der hiesige Ton. Man erlebt hier, wozu die Natur uns schickt, als Verhängnis. Geahndet wird, ein Mann oder eine Frau zu sein. So war es eingerichtet. Ich sage nicht, wir seien entkommen. Ich sage nicht einmal, man könne entkommen. Aber dass jetzt so erzählt wird, das tut mir schon gut. Ich will, was der Ton bindet – Verklärung und Verfluchung – nicht trennen. Die Besorgung des Vergangenheitstons ist ein seriöses Amt. Man muss spielen mit der Schwere und so tun, als sei es leicht. Jeder, der sich dazu beruft, versucht, die ihn schickende Notwendigkeit allen anderen mitzuteilen. So kommt etwas zusammen. Das Großeganze. Das Vergangene. Die wirkliche Geschichte. Der Ton. Darin hat die Gegend sich, wenn sie will. Darin hat die Welt, wenn sie will, die Gegend. In so einem Ton ist aufgehoben, was war. Und die Einbildung, so aufgehoben sei etwas zu bewahren, ist angesichts der Deutlichkeit, mit der die Vernichtung protzt, etwas Wärmendes. Wärmen wir uns also.

(1985)

Licht und Land

Über *Oberland*

Gedichte von Maria Menz

Am liebsten würde man doch der Kraft von Gedichten einfach nachgeben und sie nachsprechen, aufsagen, nachbeten. Sie machen einen klanglich untertan, üben einen Zwang aus. Lyrik ist, wenn sie glückt, offenbar eine Imponiersprache. Man kapituliert. Eine andere Existenz pflanzt ihr Banner in unser Bewusstsein. Wir verharren im Zustand der Huldigung. Diese Unterwerfung glückt einem Gedicht, glaube ich, wenn es etwas ist, was uns selber fehlt. Klang und Geste und Geist der Gedichte von Maria Menz sind entstanden, damit etwas, was gleich vergangen sein wird, nicht vergehen soll. Oberländische bäuerliche Erfahrung sammelt sich und dringt auf Überlieferung, auf Geschichte. Eine Landschaft meldet sich in letzter Sekunde zu Wort.

Es gibt sicher viele Gründe, diesen Oberessendorfener Gedichten zu huldigen. Mir imponiert am meisten der Existenz-Mut dieser Autorin. Wie sie hinnimmt, dann sich regt und der Zumutung eine Antwort erteilt. Dichterisch. Das kennen die Kenner der hochdeutschen Menz-Gedichte schon lange. Jetzt aber in der Mundart vollzieht sich der Kampf in der vollen »Erdabroite« des Oberlands. Die immer nach Überspannung süchtigen hochdeutschen Menz-Töne sind aus ihren gottsucherischen Vertikalen gekippt; was wird da aus ihnen? Frau Menz selber schwankt auf typisch hiesige Weise, wenn sie etwas über ihre Mundartgedichte sagen soll. Aber zum Glück schwankt sie und hört nicht auf zu schwanken. Sie bringt es nicht über sich, dem Hochdeutschen den Zuschlag zu geben. Typisch hiesig wie sie ist, würde sie natürlich am liebsten ihrer hochdeutschen Stimme den Vorzug geben. Da ist die ganze Heilsgeschichte der Menschheit, in der wir es zu der keine Sekunde lang gesicherten Gott-Figur gebracht haben, ihr natürlichster Stoff. Gott ist ja die Nase in unserem Gesicht, die, wenn wir nach ihr greifen, immer fehlt. Aber sobald wir nicht nach ihr greifen, merken wir, dass wir damit wunderbar riechen können. Das höchste und ernsteste Sprachspiel ist bis jetzt das, das sich mit Gottes Namen herumschlägt. Jetzt kommt uns unsere aufs Schönste verstiegene Seuse-Schwester Maria Menz plötzlich mit Erdabroite und Krottabloma und nomol Krottabloma, Hitz und Hag'l, Fenschtterflüg'l und Lachaloch und Geiter und vertwirrnete Kätzle, Scheackemulle, Polterobed, grollete Kälble, Metzgerwäga, mit Bluehscht, Verlitt und Mordsverlitt; mit Buschel, Furke, Schmitta, Weihwasserguttera, Mues ond Dreck und Männlesgoischt und Wagasoil, Schwanzgeald, Betthäs, Brandsalb, Kutzeböila, Hemmeder, Ziacha, Krätta und Zoina und Erdflöh. Das klingt wahrhaft horizontal. So gern Frau Menz ihre gotisch gerichteten hochdeutschen Gedichte bevorzugen möchte, es gelingt ihr nicht. Ich habe das im Gespräch mit ihr bemerkt. Die horizontale Stimme in ihr lässt sich nichts gefallen von der vertikalen. Da hatte, zum Beispiel, ihre vertikale Stimme, die man auch ihre Orgelstimme nennen könnte, bestimmen wollen, das Gedicht *'s Zoiche* nur zur »2. Wahl« zuzulassen, also es eventuell gar nicht aufzunehmen in den Band. Da meldete sich aber die horizontale Stimme, die man ihre Erdabroite-Stimm' nennen könnte, und wehrte sich. Die Orgelstimme hatte abschätzig kommentiert, ich zitiere: »Eine Genesungsgeschichte mehr, aus früheren Jahren.« Darauf die Erdabroite-Stimm': »Aber wegen dem Ha-a verwerfe ich es für das Buch nicht ganz.« Wegen einem »ha-a« also. Und das kommt so vor in dem Gedicht.

's Zoiche

A Kranke hot 'n Blattstock g'het,
der Stock, der ischt verfrora.
Noch hond se g'sait: dea keit ma weg,
der ischt jo doch verlora!
Noi, hot se g'wehrt, ha-a, dia Wuz
ischt guat ond ka no bleiba.
Do, zwoi, drei Blättla send no frisch,
von do aus ka-n-r treiba.

So wurden also der Stock und das Gedicht gegen das schnelle Urteil bewahrt. Wir pflichten der Erdabroite-Stimm' bei.

Wenn die hochdeutsche Stimme sich mit Recht ihres höchsten Anspruchs rühmt, antwortet die Mundart-Stimme einfach mit einer sprachlich vollkommen genau erfassten Gockelerbewegung, einem Kälblesblick oder mit einem solchen Satz:

Wo a Weatte leit,
isch ma au riabig, wenn's da Schnee herkeit.

So, jetzt sag das einmal hochdeutsch! Nein, nein, keine Sekunde lang ermäßigt diese Dichterin in der Mundart ihren professionellen Anspruch. Ich glaube nicht, dass ihr Shakespeares »the readiness is all« im Ohr war, als sie hinschrieb: »Bloß wer g'richt ischt, wird it scheu.« Oder wie sie, in einer einzigen Zeile, ein hiesiges Leben mit einer hiesigen Beerdigung abschließen kann:

d'r Pfennig klepperet en d' Bix.

Die strenge Menzsche Fügung, der immer wieder lakonisch gebremste Schwung, die ganz gegenständliche Behandlung des sozusagen rein Existenziellen, die andauernde Tuchfühlung mit dem Geistigen, das gibt es in ihrer Erdabroite-

Stimm' wie in ihrer Orgelstimme. Dazu kommt dann noch das Oberland in seiner ungeschmälerten irdischen bzw. sprachlichen bzw. historischen Fülle. Maria Menz schöpft den ganzen historischen Rahm ab. Gerade noch zur richtigen Zeit. Es könnte sonst zu spät werden. Jetzt haben wir das Geschöpfte. Es sind so einige Denkmäler entstanden, für die, glaube ich, viele dankbar sein werden.

Ein Gedicht in diesem Buch heißt: *Liacht ond Land.* Sie kann es zum Glück nicht lassen, ihren andauernden Frage- und Antwort-Streit auch im Landschaftsmaterial weiterzuführen; ihre unersättliche Sucht nach einem Lebenssinn zwingt der Mundart scharfe Produkte ab bei der Erforschung der, wie sie es selber nennt, »Oberessendorf-Biberach-Oberland-Mentalität«.

Ganz ohne Übersetzungshilfe dürfte alle diese Wörter und Gesten und Wörtergesten wahrscheinlich nur ein Oberessendorfer, der vor 1945 zur Sprache kam, verstehen. Frau Menz hat dem Buch diese Hilfen beigegeben. Ich musste, als ich die Gedichte las, öfter rückfragen und habe dabei jedes Mal mehr erfahren, als ich zu erfragen fähig war. Zum Beispiel: In dem geradezu homerisch-oberländischen Viehhandelsgedicht heißt es: »Ond 'r langet 'm Baura sei Hand, aber der loinet kuahl an d'r Wand.« Dass der k-u-a-h-l an d'r Wand loinet, wunderte mich. Warum nicht »küahl«?

Die Antwort von Frau Menz: Für das Wetter würde man »kuahl« nicht brauchen können; »kuahl« gebrauche man, wenn einer »in der Gesinnung kühl« sei. So genau erinnert sich der Oberessendorfer Sprachgeist an die germanische Herkunft; die Jüngeren haben sich neuerdings das englische cool zum gleichen Gebrauch in unsere Sprache zurückgeholt; sie hätten es auch bei Maria Menz in Oberessendorf holen können.

In einem gewaltig stillen Dialog über das, was Flachsanbau, Werg- und Leinengewinnung früher für Arbeit und

Kultur machten, heißt es einmal: »Ma hot's en Hampfla g'sammlet – des hoißt herrisch: eine Handvoll ...« Und ein anderes Mal: »Dem Weaber hot ma auftischet mit Ogsenauga, seallmol ebbes Bessers. Spiegeleier tätet d' Herraleut saga ...«

Als ich Frau Menz fragte, ob das eine allgemeine Ausdrucksweise sei: »herrisch« und »d' Herraleut«, antwortete sie: »Ja. Das ist eine Klassenbestimmung.« Das ist die historische Erfahrung. Und für jeden, der gern historischen Erfahrungen begegnen will, ist dieses Buch eine Schatztruhe. Wie arm sind die dran, die nach Wagenrädern, Wagendeichseln und Melkschemeln rennen, verglichen mit uns, die wir den vollen Bluehscht des Oberlandes durch die Sprachtreue dieser Oberessendorfer Dichterin in einem gotzigen Buch in die Hand nehmen können. Ich bin ja schon bis ins Innerste dankbar, wenn endlich so unersetzliche Wörter wie: »hofele« und »woalle« und »derweatt« und »vornazua« und »wellaweag« ihre Genauigkeitskraft öffentlich entfalten dürfen; wenn unsere Birnen endlich besungen werden als das, was sie sind: süaß, saftig, lend ond schwer.

Maria Menz schwingt die Wörter so genau ins Maß, dass die Bedeutungen wie von selbst 's Bompere aafangen. »Brocks ond beig' vool da Krätta!« Das hat sie getan. Zoina ond Krätta sind voll. Der Geist und der Buchstab' sind gerettet. Die Produktionszeit, in der die Fruchtsäcke, die man aus dem minderen Werg machte, so lange hielten, dass man oft sagte »weag de Seck sott ma da Bua wieder gleich täufa«, ist vorbei. Aber die Menschenkraft, die gebildet worden ist in diesen oberländischen Natur- und Produktionsprozessen, die ist nicht vorbei. Maria Menz fasst die Kraft, die ja ihre allereigenste ist, in ihrem Gedicht *'s Wonder*, das so aufhört:

Woher lauft des Bluat so woalle,
au am Herz so wohl?
Vom Gedanka! Der macht d' Odra
gleich wia's Leaba vool.

Das ist die hier in mehr als tausend Jahren gebildete Kraft. Der Gedanke treibt das Leben an. Geist ist überlegen. Bei Maria Menz. Uns ist schon viel von dieser Kraft verloren gegangen. Mir gewiss. Deshalb staune ich über die Festigkeit dieser Seelenkraft, die aus den Unbilden hervorgeht als ihr Gegenteil und ihre Überwindung. Vielleicht hat es schon meine Generation so schön gehabt, dass diese Kraft nicht mehr nötig war, also leben und schwinden wir schwächer dahin als die geistesstarke Maria Menz.

»… bloß wer 's denkt, kommt mit 'm Boga z'stroi«, heißt es im Gedicht von *Liacht ond Land.* Nur wer es denkt, kommt mit dem Bogen zustreich. Mit dem rasch hinauf- und noch rascher hinabführenden Zeitbogen. Nichts gibt es gegen die Unbesiegbarkeit der Zeit als den Gedanken.

»Naacht isch uff oin Sitz.«

Dass sie es noch sagen kann, was mit ihr, mit uns passiert, das gibt ihr, gibt uns in der Hauptbahnhofseile des bloßen Lebenslaufs eine Spur Gelassenheit zurück, die ihr, die uns dazu verhelfen mag, bei diesem bloßen Abtransportiertwerden eine etwas weniger groteske Figur zu machen. Augenblicksweise gelingt es den Gedichtzeilen, das Gewesene so glücklich auszusprechen, dass der Erntecharakter beherrschend wird. Dann wiegt uns die Illusion des Bewahrenkönnens so ein, dass die Zeit eine Sekunde lang mit leerem Maul kauen muss. Wir behaupten, in diesem Augenblick sei es so. Es sei Ernte, also Fest, also Aufgehobenheit, wenigstens so lang, bis wir Frau Menz für ihre volle Krätta und Zoina schnell unseren Dank abgestattet haben.

D'r Furrma pfitzget,
d' Fuhra glitzget

Frau Menz, wir danken Ihnen für dieses erdabroite Geistgeschenk *Oberland*. Sie haben sich um das Licht in diesem Land verdient gemacht.

(1979)

Höchste Schule

Über Maria Menz

Wenn man befangen ist, muss man es wohl sagen. Aber wie könnte man über Gedichte sprechen, ohne von ihnen eingenommen zu sein. Und dazu gehört immer auch ein bisschen Voreingenommenheit. Maria Menz hat Macht über mich. Ihre Töne, ihre Wortfolgen, ihre Satzschwingung! Man wäre diesen Gedichten lieber in dem Alter begegnet, in dem man Gedichte auswendig lernen darf. Es müsste eine Lust sein, Gedichte auswendig zu lernen, die so angehen:

Lass in dem Maß, wie meine Sonne sinkt,
das Feuer eines Sterns nach oben steigen:

Oder:

Immer, o höherer Freund,
bin ich dir weich im Begehren,
bin ich willig zu ehren,
was deine Weisheit meint.

Oder:

Ihr Jahre,
ihr hohen Häufungen
welch einen Wolkenbruch von Erhörung
müsset ihr vorbereiten!

Oder:

Wenn ich betend eine Wahrheit fasse,
wenn ich sie in Klage zu Dir hebe,
ist es so, als ob ich eine Tasse
Wasser einem Meere übergebe.

Oder:

Ich sehe Deine ragende Gestalt
stets durch die Schleier meiner Dinge dämmern.
Die Dinge werden dünn und greisenalt,
und näher hör ich Deinen Anspruch hämmern.

Oder:

Ja, wir adressieren an Gott,
wenn wir den vollkommenen Antritt meinen

Oder:

Wie könntest du bestehen
wenn du ihn fallen ließest,
während du mächtig bist,
aufzuhalten?

Oder:

Opfer ist eine heilige Schale,
unersetzbar, unabdingbar.

Oder:

Daran stirbt man:
niemals reden können
in der Betonung, die dem Tiefsten eigen

Oder:

Ich fand meinen Bruder
in mir selbst.
In den innersten Kreis
trieb mich die Leere.
So bin ich es selbst,
die mir flüstert
und die auf mich schwört.

Es ist eine konzentrische Energie, die da am Werk ist. Wir seien »beschworen«, heißt es einmal »in den Rausch und die Zähigkeit des Ich«. Und viele bleiben in diesem Zustand und kultivieren ihn enorm und haben ihr prächtiges Auskommen dabei. Maria Menz zeigt in ihren Gedichten, dass sie sich selbst auffasst und behandelt wie ein Projekt. Sie will sich selber würdig machen der Gotteserkenntnis. Wenigstens zu einem Glauben will sie es bringen, auf den man – und sei's nur im Geringsten – bauen könnte. Sie will überhaupt nicht so sein, wie sie von selbst wäre. Sie will Veränderung, also Geschichte. Heilsgeschichte. Womit sich die meisten heute zufrieden geben, mit einer zivilen Identität, fängt sie gar nicht erst an, sie will sofort darüber hinaus. Aber nicht aus Mutwillen und Dreistigkeit, sondern aus Bedürfnis. Es ist die schwerste Neigung, die sie zwingt. »Brand ohne Rauch«, sagt sie, will sie sein. Die »reine Hingabe«. Bedingungslos. Jenseits jedes Kalküls. Aber dieser Anspruch, ernst genommen, setzt eine endlose, unstillbare Bewegung in Gang. Sie radikalisiert Shakespeare durch Konkretisierung; nicht mehr »bereit sein ist alles«, sondern »Seinsein ist alles«; eine allerhöchste Dressur; eine Dressur auf das Allerhöchste. Das klingt banal genug. Andererseits scheut man sich, mit malenden Wörtern dieses hochfahrende Werk vorstellbarer machen zu wollen. Nähern wir uns übers Prosagelände. Maria Menz hat eine Skizze geschrieben unter dem Titel: *Der Weg*. Es handelt sich um ihren eigenen Weg. Der erste Satz lautet so: »Der Mensch vom Grund her: eines bäuerlichen Schoßes Erstgeborene vor mehreren Geschwistern, Tochter eines frei und schürfend denkenden Vaters.« Diese autobiographische Skizze kommt aus ohne das Wort ICH. Im ersten Satz ist die Verfasserin Tochter, dann »das kleine Mädchen«, dann »das Kind«, dann »die Schreibende«. Dabei bleibt sie. Die Schreibende – so wollen wir sie auch nennen – hat in der Skizze nur ihr Schreiben beschrieben. Das Leben muss man sich dazu denken. Wenn man die Mundartgedichte liest, erfährt man, dass dieses Leben in den Reichtümern oberschwäbischer Bauerntradition daheim ist; daheim ist bis zu einem Sättigungsgrad, der heute schon wunderbar wirkt. Aber die hochdeutschen Gedichte zeigen, wie sich in dieser Fülle eine Dürftigkeit entfaltet. Eine Not blüht auf. Ein Mangel schießt ins Kraut. Die Gedichte biegen sich in eine einzige Richtung. Nach oben sozusagen. Weg vom festen Boden. Angesprochen wird meistens ein Du, groß geschrieben, oder ein kleingeschriebenes du; mit dem großen Du spricht die Schreibende Gott an, mit dem kleinen sich selber. Es heißt da: »... die Köstlichkeit der Liebe Gottes auf ewig zu gewinnen, das ist der Weg inmitten aller Wege.«

Man könnte, wenn jemand das Bedürfnis nach Gott so auf der Zunge spürt, von Mystik sprechen. Ich will, auch weil Frau Menz mich oft verwarnt hat, vorsichtig sein. Ich will mir diese schwere Neigung nach oben einfacher erklären.

Die Gedichtanfänge wirken immer, als wolle die Schreibende sich abstoßen, als wolle sie starten. Es ist ihr dringend nach Bewegung zumute. Sie muss sich in einen Satz stürzen, um von irgendwo, wo es nicht auszuhalten ist, sich irgendwohin zu drängen, wo es auszuhalten wäre. Ihre Grundwörter zeigen die Richtung: von *Finsternis* zum *Feuer*, von *Verlorenheit* zu *Befindlichkeit*; von *Not* zu *Schmiegung*; von *Schwere* zu *Aufbruch*; von *Dämmerung* zu *Zeichen*; von *Leere* zu *Liebe*.

Es gibt wiederkehrende Bewegungsabläufe zwischen Verlangen und Verzweifeln. Die Schreibende ist offenbar allein und fängt an, wie sie's gelernt hat, zu Gott zu sprechen. Sie tut das in den Tönen, die ihr zu Ohren gekommen waren. Daraus entwickelt sich in jahrzehntelanger Übung ihr eigenes Gedicht. Das stammt dann immer mehr aus der Erfahrung, die sie selber gemacht hat bei dem Versuch, Gott anzusprechen, sich Gottes auch nur im Mindesten, bescheidensten, elendesten zu versichern. Hätte ihr das Resultat nicht irgend ein Philosophiestudent im dritten Semester billiger liefern können? Nein. Sie hat sich aus sicherstem Grund nicht auf die bildzeitungshaft fortlebende Nietzsche-Parole, dass Gott tot sei, verlassen. Diese Parole ist als solche so unsinnig wie etwa der Satz: Steine sind herzlos. Vielleicht war Gott, als Nietzsche anfing, auf eine so groteske Weise zu einem bürgerlichen Leben erweckt und zur gewinnreichen Mitarbeit eingeladen worden, dass es dringend nötig war, ihn totzusagen. Unser Problem ist das nicht mehr. Und von Kierkegaard bis zu Ernst Bloch oder Maria Menz reicht unwillkürlich eine andere, ernsthaftere, eine realistische Tradition der Kontaktsuche in die Richtung, in der Gott sich eigentlich, wenn wir unserem Bedürfnis trauen dürfen, stellen sollte. Maria Menz entwickelt also *ihre* Ansprache an ihn, *ihren* Anspruch an ihn, *ihr* Versprechen, *ihre* Aufopferung, Hingabe, Preisgabe, Treue, Liebe … Ich maße mir nicht an, etwas über das Ergebnis dieses lebenslänglichen Ansprechens und Anspruchs festzustellen. Nicht für andere. Mir persönlich hat seit der Lektüre der Kierkegaardschen Glaubensexpeditionen, seinen Hochseilakten mit der Glaubenssprache nicht viel so ins eigene Bedürfnis gepasst wie diese Menzsche Seelen- und Gedichtentwicklung vom leidenschaftlich blühenden und hochgemuten Anschwung bis zur immer schärferen, allmählich sich petrifizierenden Verlustmeldung. Man summt zuerst schöne Schwünge und wird allmählich hineingezogen in die von der Erfahrung dressierte Schärfe der Wendungen. Gott ist nicht tot, er fehlt. Er hat immer gefehlt. Und er fehlt auch Maria Menz, die sich deshalb ein ganzes Leben lang an diesen enormen Mangel wendet; sie bietet alles an und auf, er zeigt sich nicht. Sie bildet ihn sich, so hart es allmählich auch zugeht, nicht ein. Sie bringt es nicht zu Zeichen und Wunder, aber sie ermäßigt ihre Adresse nicht um einen Deut. Sie bleibt ohne Mal, Zeichen, Hoffnung. Sie hat *Glückliche Heilige* zu beneiden. Sie ermüdet, aber sie geht immer weiter. Ziel wäre: Sein ANGESICHT und »nicht abermals unreifes Licht«. Trübseligkeit stellt sich ein. Trostlosigkeit. Verlorenheit. Aber nicht Verworfenheit. Sie bleibt bereit. Sie hört »nur eine Sicherheit läuten wie hinter Wäldern«. Sie ermäßigt unter dem Druck des Mangels weder ihre Erwartung noch ihren Anspruch (»Ihr Jahre / ihr hohen Häufungen / welchen Wolkenbruch von Erhörungen / müsset ihr vorbereiten«). Unter dem absoluten Druck des Gottesmangels schafft und härtet sie ihr Vokabular, ihre Biegungen und Wendungen. Ihre Gedichte sind das Opfer-Protokoll. (»Ich zucke – ich verachte – und ich schätze.«)

Angesichts der Leere, die einem entgegenschlagen kann, wenn man es nicht fertig bringt, sich von dieser Richtung abzuwenden, sind zu allen Zeiten denkwürdige Verhaltensweisen, auch Sing- und Sageweisen entstanden. In unserem Jahrhundert hat sich Beckett am meisten hervorgetan im Nivellieren humaner Prominenzchancen. Tapfere Maria Menz, sage ich mir da, wenn ich ihr aufragendes Gedichtwerk lese. Die Luft, in der sie atmet, ist nicht viel sauerstoffreicher als die Becketts. Aber sie entdeckt doch, dass man, wenn die Unmittelbarkeit Gottes schlechterdings nicht mehr zur Diskussion steht, etwas für andere tun kann. Ihr von ihr selbst christlich gemeintes Werk ergibt, dass man für sich bei Gott absolut nichts tun kann, es sei denn, man tue etwas für andere. (»Opfer ist eine heilige Schale.«) Den Hass ins Brüderliche wenden, anstatt gegen das Brüderliche, das ist unter den unzähligen Versuchen, Rettungsbiegungen zu entwickeln, der auffälligste. Er wird nicht besonders positiv für die Versuchende selbst. Mehr aus Bedürfnis als aus Erfahrung behauptet sie in fast schon absolutem Trotz: »Ja erzeugt Ja«. Sie bleibt trotz aller Erfahrung bereit: »großverwundert lass ich mich verbrauchen, / die ich träumend meinen Film nicht weiß.« Das Gedicht ist eigentlich alles. Oder alles, was eigentlich nicht ist, wird zum Gedicht. Und je weniger Antwort auf ihren Anspruch erfolgt, desto reiner oder schöner wird das Gedicht. Das Gedicht ist das Positive. Also: Die Reaktion auf das Negative ist das Positive. »Lass in dem Maß, wie meine Sonne sinkt, / das Feuer eines Sterns nach oben steigen ...« Aber vielleicht idealisiere oder ästhetisiere ich jetzt dieses schwerste Geschäft. Ich kann wegen des vollkommenen Ausdrucks oft nicht unterscheiden, ob die Härte der wirklichen Situation durch die zum Gedicht gewordene Seelenarbeit gemildert wurde; etwa, dass die Autorin jetzt nicht mehr nur Opfer, sondern, als Verfasserin des Sinns der Situation, auch maßgebendes Subjekt geworden ist: »... aber die Verlorenheit, / der Prüfungen größte, ist kronenwürdig, / denkwürdig.« Dass sie die »Selbstanrede« festigt, macht es sie »mittefester«? Wir hoffen es um ihretwillen und, weil wir die »Nachfolge« favorisieren, um unseretwillen. Dass Gott fehlt, ist nicht neu. Er fehlt, seit wir ihn brauchen. Er fehlt nur, weil wir ihn brauchen. Ihn schlicht anzusprechen, als sei er da, vertreibt ihn für alle, die ihn brauchen.

Wenn nicht Einzelne sein Fehlen zur Sprache bringen, verschwindet vielleicht seine Dimension aus unserer Welt. Dann wäre vielleicht alles, was mit dieser Dimension in unserer Geschichte versucht und gemacht wurde, in Gefahr. Gott scheint ja hauptsächlich etwas sein zu können, was über einen selbst hinausgeht. Bei Maria Menz heißt es »das Brüderliche«. Das ist unter vielen schönen Namen Gottes der schönste. Maria Menz hat viele Namen erlebt für dieses Fehl und seine Verwendung im täglichen Leben. Wunderbare Wendungen sind ihr gekommen, als sie, auf den Knien bleibend, den Kopf so hoch als möglich reckte, um in ihm das Gottes-Gespräch sich bilden zu lassen. Das bildet sich nur unter unerfreulichen Bedingungen. Einsamkeit muss sein. Illusionsabgeneigtheit. Betrugsabweisung. Tapferkeit. Unnachgiebigkeit. Unablenkbarkeit. Undsoweiter. Dann fallen allmählich die Wörter. Dann entsteht das Protokoll. Das Religionsdokument. Das Werk, das zeigt, wie heute versucht werden kann, den sich absolut sträubenden Gott ins Gespräch zu ziehen. Als ich diese Dichterin vor zehn Jahren das erste Mal bei Dr. Münchs Oberschwäbischem Literatur-Forum lesen hörte, dachte ich: Endlich einmal Pfingsten. Ich wunderte mich, dass es ziemlich still blieb rundum. Zu spät kann es nie sein für diese Pfingstveranstaltung. Ihr Motiv ist, glaube ich, das normale, nicht das traditionell mystische. Sie spricht auf die Gottesstelle ein, nicht aus Sehnsucht, sondern aus Angst. Aber vielleicht war das immer so. Vielleicht begriffe der Mystiker nicht, dass man zwischen Todesangst und -Sehnsucht unterscheiden soll. Auf jeden Fall macht ihr Generalmotiv aus ihr eine Fürsprecherin. Besser, eine Trainerin. Sie kann uns aus unseren Ersatzängsten, den elenden, lösen und uns, falls wir geneigt sind, präparieren zur *Selbstanrede*, zur Einübung in das »Rätsel des Ob«.

(1981)

Eine anspruchsvolle Frau

oder Menschwerdung oberschwäbisch

Über Maria Müller-Gögler

Das bisher letzte Kapitel der Erinnerungen Maria Müller-Göglers, das Schlusskapitel des *Armen Fräuleins*, trägt den Titel »Menschwerdung«. Darin steht eine Partie aus dem Tagebuch der damals Vierundzwanzigjährigen. »Schranken stärken die Kraft«, heißt es da. »Schranken machen mutig … Schranken stützen den Schwachen. Schranken züchten die Auflehnung.« Sie beschloss damals im Jahr 1924, einen Roman zu schreiben, der ihre »Menschwerdung« erzählen sollte. Alle ihre Bücher, sagt sie, seien Fragmente dieses einen, nie geschriebenen, aber mit jedem geschriebenen doch jedes Mal neu geplanten Romans. »Menschwerdung« gegen ganz bestimmte Widerstände und Schranken. Menschwerdung auf oberschwäbische Art. Das erzählt unsere Autorin, die ich in kühnem Anflug am liebsten gleich Äbtissin Voltaire nennen würde. Menschwerdung auf oberschwäbische Art, von 1900 bis 1978. Erschrieben in Historien und Materien von 1200 bis heute. Historien und Materien, die ihrem persönlichen Projekt sowohl bildhaften Unterschlupf, förderlichen Widerstand und objektive Aufhebung versprachen. Wenn man diese Lebensromanfragmente liest, stellt sich auf schön unmerkliche Weise eine Empfindung her von der unwillkürlichen Befreiungsenergie, mit der Maria Müller-Gögler ihr Selbstentwicklungsprojekt betrieb. Wer sich in unserer Gegend entwickeln will, muss den raffinierten, den dialektischen Umgang mit Schranken erlernen, den die Vierundzwanzigjährige beschrieben hat: Schranken als Trainingsgeräte. Schranken, um sich, sobald man sich zu viel zugetraut hat, darauf zu stützen; Schranken, um die Befreiungslust nie einschlafen zu lassen.

In der ersten Jahrhunderthälfte sah es hier für ein katholisches Mittelstandskind so aus, als könne man sein eingeschüchtertes Selbst höchstens von der Gotik bis zum Barock entwickeln. Alles schien vorgeschrieben, vorgezeichnet für eine hiesige katholische Volksschullehrerin dieses Jahrgangs. Auch wenn sie eine Schriftstellerin und Dichterin werden wollte. Da ganz besonders. Der Erbauungsauftrag war unüberhörbar. *Die Magd Juditha*, der erste Roman unserer Autorin, beweist schon, dass man so etwas wie den landläufig katholisch-historischen Roman ergreifen und ihn doch zum Existenzmuster läutern kann.

Wäre sie der Tradition und dem Genre erlegen, dann hätte sie jedes Mal einen neuen Roman geschrieben, mit neuem, interessantem Stoff und immer virtuoser werdender Kompositionstechnik. Sie hat aber auf sich bestanden. Auf ihrer Selbstbefreiung. Deshalb hat sie, wie es sich gehört, jedes Mal den gleichen Roman geschrieben. Jedes Mal auf einer neuen Stufe der Selbstverwirklichung. Ich will das Roman- und Existenz-Muster, das sie so in 40jähriger Arbeit entwickelt, zu schildern versuchen.

Das, was Ernst Bloch am Abenteuerroman so faszinierte, hätte ihn auch bei Maria Müller-Göglers historischen Romanen faszinieren können: die Kunst, den Helden, hier die Heldin, möglichst tief in die Gefahr und Verlassenheit hineinerzählen zu können. Die Art, wie die Helden aus diesen Situationen dann befreit werden, ob die Rettung den Edelmuskeln Winnetous oder einem Blitz Gottes oder ihrer eigenen Seelenarbeit zu verdanken ist, das entscheidet dann über die Befreiungskraft bzw. die literarische Ernsthaftigkeit des Romans.

Die Müller-Göglerschen Heldinnen – egal ob Magd oder Kaiserin – haben das miteinander gemein: sie können schweigen, wenn sie leiden. Sie sprechen sich nicht aus. Sie geben sich nicht zu erkennen. Sie lassen nicht in sich hineinschauen. Missverständnis halten sie jahrelang aus. Sie sterben lieber missverstanden, als dass sie um Verständnis bitten. Das Gefühl vom anderen, das verlangen sie. Man begreife ihren hohen Anspruch gefälligst. Ihren wortlosen, erklärungslosen Stolz. Darüber ist doch nicht zu reden.

So wenig wie Kleists Penthesilea bereit wäre, Achill zu erklären, wie er sie behandeln soll, so wenig sagt Juditha ihrem Verführer Frisoni, dass sie ihn nicht verraten hat, obwohl er sie längst verraten hat; auch einen Verräter verrät man nicht; und nicht einmal das sagt sie ihm; sie lässt sich lieber ausweisen aus ihrem gesicherten Dasein; und nachher schweigt sie noch einmal zwei Jahre lang, als ihr Mann, der Orgelbauer Gabler erwartet, sie müsse eine Beschuldigung zurücknehmen. Lessandra Fedele, eine spätere Müller-Gögler-Heldin, inszeniert eine perfekte Vortäuschung ihres Todes, weil sie fürchtet, ihr junger Liebhaber würde sie, falls sie weiter mit ihm lebte, doch irgendeinmal verlassen. Insgeheim wird sie dann Zeugin seiner Trauer. Leiden und Genuss können wohl nicht inniger eins werden als in Lessandra, wenn sie den Geliebten an ihrem Grab regelmäßig trauern sieht. Die Stauferin Beatrix von Schwaben wird im gleichnamigen Roman von ihrem 5. bis zu ihrem 14. Lebensjahr als politisches Heiratsobjekt gehandelt. Als ihr Vater Philipp tot ist, kommen die staufischen Politiker auf die Idee, die kleine Beatrix dem zu vermählen, mit dessen Bekämpfung ihr Vater die wichtigsten Jahres seines Lebens verbracht hat, mit dem Welfen Otto. Sie wird seine Frau. Otto zeigt der Kinderpuppe, die man da neben ihn setzt, deutlich genug, aus welchen Gründen er sie von einem Welfen-Platz zum anderen transportieren lässt. Beatrix schweigt.

Die politischen Kalkulierer triumphieren schon. Welfen und Staufen, verwandt, seit die Welfin Judith auf der Haslachburg den späteren Friedrich Barbarossa geboren hatte, dann zum Unglück des Reiches verfeindet, jetzt also fest vermählt.

Aber mit 14 Jahren stirbt Beatrix in dem Augenblick, in dem ihr Tod den größten Effekt hat gegen die Person und Politik ihres welfischen Mannes. Sie bringt sich nicht um. Sie stirbt einfach. Grad mit Fleiß, sozusagen. Im Roman. In Wirklichkeit wurde sie wahrscheinlich trivial von einer sogenannten Nebenbuhlerin vergiftet. Aber Maria Müller-Gögler inszeniert das eigensinnige Sterben ihrer Heldin als weltbewegendes Handeln. Beatrix' Tod gibt den Ausschlag. In prekärer Lage steht ihr staufischer Vetter, der 18jährige spätere Friedrich II. mit nicht einmal 100 sizilianischen Reitern vor Konstanz. Die überlegene welfische Macht ist schon bis Überlingen herangerückt. Aber als Beatrix' Tod bekannt wird, fallen die Staufenanhänger von Otto ab, der Bischof von Konstanz lässt den sizilianischen Staufer ein, die staufische Sache siegt endgültig über die welfische. Friedrich trinkt Wasser aus dem Bodensee, den die Erzählerin da, hingerissen von ihrer schönen Schlussfügung, Schwäbisches Meer nennt.

Auch in ihren Geschichten wird immer das Wichtigste durch Warten, Stillsein, Nichtssagen entschieden. Die Frau am Zaun kann jahrelang warten, bis sie ihren Sohn durch plötzliches Auftauchen am Straßenrand rächt. Von Gustav Einsiedel, der sich lieber für einen Dieb halten lässt, als zu sprechen, heißt es: »Er hatte eine merkwürdige Art, gerade mit den Dingen, die andere Leute gern von ihm gewusst hätten, hinter dem Berg zu halten.«

In der Geschichte *Schmittlein starb zur rechten Zeit* lässt Maria Müller-Gögler ihr Motiv einmal in den Spiegel schauen. Es darf sich als solches begegnen und aussprechen. Schmittlein, der sich ein volles Leben lang von seinem Freund Holzmann geschäftlich und menschlich hereinlegen, ausbeuten, misshandeln lässt, sagt: »Eines Tages wird er alles einsehen. Eines Tages wird er mich um Verzeihung bitten und mich fragen, warum ich seine Schurkereien über mich ergehen ließ. Warum ich mich nicht wehrte! Ich werde ihm antworten: Weil ich sehen wollte, wie lang du's treibst. Weil ich neugierig war, wie lang so etwas gut geht. So ein Leben gegen alle Gesetze der Anständigkeit, gegen alle Kernsprüche, die wir bei meinem Vater gemeinsam auswendig lernten und in die Schönschreibhefte eintrugen.« Die Parabel-Geschichte gibt die kritisch-realistische Antwort: so was geht ewig. Schmittlein sieht als Toter in der Dachkammer auf seinem schlichten Bett zwar »unbeschreiblich erhöht aus«, aber damit dieser Seelensieg Erscheinung werden kann, muss Schmittlein zuerst sterben. Lebend wirkte er nur komisch.

In den Romanen hat dieses Wartenkönnen und Schweigenkönnen, haben Stolz und Lebensherbheit wirkliche Motive, das heißt, es ist der Zustand der Welt, der die Müller-Göglerschen Heldinnen so verschlossen macht und so einsam. »Er ist lieber einsam als unterwürfig« hat Maria Müller-Gögler in ihrem zu Herzen gehenden Karl-Erb-Buch über Karl Erb geschrieben.

Was einen selber bestimmt, dafür ist man bei anderen empfindlich. Für das eigene Muster hat man in Umwelt und Geschichte ein naturscharfes und ein schicksalsscharfes Auge. Die Müller-Gögler-Frauen stellen einen irrsinnigen Anspruch an ihre Umwelt. Und weil sie schon spüren, dass der nicht erfüllbar sei, versuchen sie, der Nichterfüllung zuvorzukommen. Durch Abkehr, Zurücknahme, Flucht, Einsamkeit. Als Programm formuliert heißt das: Hat eine Frau eine Chance, ihre Empfindung geachtet zu sehen oder ist sie Objekt und soll sehen, wie sie sich damit abfindet? Darf sie also ihren Anspruch stellen oder soll es ihr Stolz sein, Ansprüche einer von Männern gemachten Welt zu erfüllen? Ich habe beim Lesen dieser Bücher des Öfteren verwundert den Kopf geschüttelt, weil das, was in unserem Jahrzehnt fast das einzige Entwicklungsthema geworden ist, eben die Menschwerdung der Frau, im Lebenswerk von Maria Müller-Gögler seit Jahrzehnten in jeder Tonart angeschlagen worden ist: von ätzend-sarkastisch bis weltüberwinderisch-sanft. Äbtissin Voltaire! Beatrix war ein Kind, ein Mädchen in den Händen von Politikern. Das ergab schon eine fürchterliche Einsamkeit. Aber es war doch eine Einsamkeit durch Konstellation, eine durch die historische Szene verfügte. Die nächste Heldin, die Truchsessin, ist einsam von innen. Ihr Mann, Georg von Waldburg, macht eine Militärkarriere, in der seine Frau Maria nichts als eine Demonstration der Sinnlosigkeit zu sehen vermag. Nach dem Tod ihres Mannes heiratet sie einen Landsknecht, der es zum Hauptmann bringt. Auch der zweite Mann kämpft unter wechselnden Fahnen. Heute mit den Schmalkaldenern, dann gegen sie. Die Truchsessen-Witwe und Hauptmannsfrau zieht mit. Dieser zweite Mann, der, verglichen mit dem Waldburger, ein Mann war, zu dem eine Beziehung möglich zu sein schien, verlangt, dass Maria, die inzwischen eine Art Ärztin geworden ist, seine junge Geliebte aus einer tödlichen Krankheit rette. Maria tut es. Das führt schon tief ins Verstummen. Dann wird sie von ihrem jüngsten Waldburger Sohn Heinrich öffentlich brüskiert; da sie einen Landsknecht geheiratet habe, sei sie nicht mehr seine Mutter. Das macht sie endgültig stumm. Der Gegenton in diesem Buch liegt bei einem jungen Bauern, dem Maria als junge Gräfin von Oettingen-Wallerstein gegen den Willen ihres Vaters Lesen und Schreiben beigebracht hat, der ihr später Luthers Büchlein *Von der Freiheit eines Christenmenschen* schickt, der ein Anführer der Bauern wird und hingerichtet wird von Marias Mann in Waldsee. Aber sein Kind – die Mutter ist eine auch in Waldsee hingerichtete Wiedertäuferin – überlebt.

Die Einsamkeit dieser Frauenfiguren ist immer auch noch politisch bedingt. Im *Heimlichen Frieden* liebt die junge Volksschullehrerin Theresia in den Jahren 44 und 45 einen gefangenen Franzosen, der Theresia auch liebt, aber sich noch gebunden weiß an ein Mädchen in Frankreich. Die Autorin fügt es so, dass Theresia die Französin in einer Stadt in der Nähe unter Vichy-Franzosen entdeckt. Aber sie bringt es nicht gleich über sich, ihrem Victor mitzuteilen, dass seine Silvian ganz in der Nähe ist. Theresia kämpft sich durch die Einsamkeitsstrecke durch, die unsere Dichterin ihren Frauen realistischerweise nicht erlassen kann. Theresia entscheidet sich gegen sich: »Sie wollte sich bemühen, diesen Schmerz zu lieben.« Maria Müller-Gögler erzählt das auf dem humanen Niveau der Goetheschen *Iphigenie.* Mit dem *Heimlichen Frieden* (1953) und der verwandten *Schlüssel*-Novelle hat Maria Müller-Gögler den historischen Roman, das abenteuerliche Genre, hinter sich gelassen. Sie hat sich sozusagen säkularisiert. *Täubchen, ihr Täubchen* ist dann, zehn Jahre später, die Fortsetzung der Menschwerdungsarbeit einer oberschwäbischen Lehrerin in der Mitte des 20. Jahrhunderts. Wie reich gedeiht das Lebensmuster, als die Autorin anfängt, es von ihrer Berufserfahrung provozieren zu lassen – Johst Reik und seine Mutter, zwei Solisten in einem Roman. Vorgeführt wird eine Doppeleinsamkeit in einem Dialog zwischen zwei Isolationen. Und der Dialog führt zu nichts als zur Vorführung der Isolationen.

Aber in diesem Buch werden auch noch die Nebenfiguren vom Existenzmuster der Autorin bestimmt. Diese Lehrer bilden miteinander eine Galerie von unrettbaren Einzelkämpfern. Jeder mit seiner Methode, die er, sich zu verteidigen, herausbrüllt wie unter Schmerzen. Die Schüler als die rührenden oder schon abstoßenden Opfer. Die Eltern als eingeschüchterte Masse oder als groteske Auftraggeber der Lehrer oder als Machthaber, die unwissend über ihren Kindern thronen. In diesem Roman geht es oft dostojewskihaft unglücklich zu. Manchmal ist es in dem oberschwäbischen Schulwinterbuch auch so kalt und öde und heilverlassen wie in dem Dorf in Kafkas Schlossroman. Zum Beispiel, wenn Schüler und Lehrer nach ein paar Schulstunden gleichermaßen erschöpft und traurig sind, weil die gemeinsamen Bemühungen wieder einmal erfolglos geblieben sind. »Fast sieht es aus, als ob es Bemühungen um etwas von vornherein Unmögliches seien ...« Das ist der Stil des vereitelten Lebens. »Erkundigungen nach einem Lehrerzimmer wurden mit Gelächter beantwortet«, heißt es da. Schüler und Lehrer sind unselig verstrickt in eine gegenseitige Verständnislosigkeit. Die Ausweglosigkeit des jungen Lehrers Johst Reik ist keine Privatsache. »Zu welcher Verantwortung soll ich die Mädchen erziehen?« fragt er sich. Und er antwortet: »Zur Verantwortung für die Höchstleistung an Webstühlen und Nähmaschinen in der Textilfabrik, wo sie mit 14 Jahren zu arbeiten beginnen, oder zur Verantwortung für ihren Körper, ihre Seele? Wenn ich das Zweite tue, mache ich es ihnen vielleicht noch schwerer, sich in ihre Wirklichkeit zu ergeben, in das Schicksal, Teile einer großen Maschine zu werden, die Millionen Meter bunten Zeugs auswirft. Rechne ich ihre Freizeit zusammen, so sind es kaum ein paar Jahre ihres Lebens, in denen sie in den Kleidern spazieren gehen können, um deretwillen sie zerstört werden. Man muss sie wohl kämpfen heißen um längere Erholungszeiten und sie instandsetzen, der knapp bemessenen Zeit, in der sie Menschen sein dürfen, einen Sinn zu geben.«

Der so denkt, liebt die Mädchen, die er lehren soll. Aber die Umwelt bringt ihm bei, dass seine Liebe verbrecherisch sei. Er muss sich umbringen. Jetzt sind alle erlöst. Sogar seine Mutter. Jetzt kann es lieblos weitergehen.

Über seine Mutter notiert Johst am Ende: »Sie besaß den Mut, mich zur Welt zu bringen, aber nicht den Mut, ein Konzert zu besuchen, ohne beim Friseur gewesen zu sein.« Das klingt sarkastisch. Aber der Sohn folgert aus diesem Tatbestand, dass eine Frau, die der Frage »Was sagen die Leute?« eine solche Bedeutung beimisst, es schlechterdings nicht ertragen würde, wenn ihr Sohn einmal in der Zeitung in der Rubrik »Straftaten« auftauchen würde. Und weil er es nicht erträgt, dass seine Mutter sich so schämen müsste, bringt er sich sozusagen präventiv um. Wieder jenes Gefühl vom anderen, das auch den Streit zwischen dem Kurfürsten und dem Prinzen von Homburg tödlich entscheidet.

Die Bücher unserer Autorin gehen nur deshalb besser aus als der *Prinz von Homburg*, weil es ihrem Lebenssinn offenbar nicht genügt, wenn das, was sie selbst vielfältig erfahren haben mag, den Ausschlag gibt. Sie fügt ihre Romanverläufe kunstvoll so, dass durch Gegenfiguren oder Begleitfiguren, die wie Melodien die Hauptstimme begleiten und kontrastieren, dass durch die etwas den Untergang überlebt: In der *Truchsessin*, im *Heimlichen Frieden* und im *Täubchen*-Roman sind es schlicht Kinder von solchen Begleitfiguren, die das Romanverhängnis überleben. Ich kann darüber eigentlich nicht lächeln. Auf mich wirkt das wie eine bloße Kraft. Im Roman von der Guten Beth, dem zweiten, aber wieder auf andere Art dialogisch gefügten Roman – auf andere Art, weil hier der Dialog zwischen dem 14. und 20. Jahrhundert keine Isolation demonstriert, sondern das Bedürfnis nach Teilhabe, nach Imitatio des Guten, das im Versuch besteht, für andere zu leiden – in diesem Roman wird aus einer Schauspielerin eine Erzieherin: Damit ist das Roman- oder Menschwerdungs-Programm sozusagen seiner selbst bewusst geworden. Das Lebensmuster kennt sich jetzt. Die Existierenden werden auf Aufgaben hingewiesen, die ihnen den verschlossenen Mund lösen können. So eine Utopie schimmert über dem Roman-Dialog zwischen der Seligen Beth und der Schauspielerin des 20. Jahrhunderts.

»Sie haben immer so schön geschwiegen«, sagt in der Karl-Erb-Biographie die Sängerin Elsa Wiborg in Stuttgart zu dem Ravensburger Gesangswunder. Frau Wiborg will damit sicher nur Erbs Salon- und Majestätenscheu, seine oberländischen Sprech- und Sprachhemmnisse beschreiben. Natürlich musste ein solcher Erb-Satz dieser Biographin überliefernswert erscheinen. Maria Müller-Gögler erzählt auch einmal, wie schwer es Erb fiel, in Lübeck im Salon einer geistreichen Dame ein Jahr lang sein sprachliches Auskommen zu finden. In das Gespräch einzugreifen, habe er natürlich nicht wagen können; wenn er aber trotzdem manchmal lieber widersprochen als zugestimmt hätte, »blickte er den Sprecher fragend an und sagte nur, so?«. Dieses »So« kann jeder so spitz oder kritisch oder ironisch oder traurig intonieren, wie er will und kann.

In ihren Gedichten wird das unter den erzählten Umständen entstandene Alleinsein vermessen. »Ich liege lauschend. Gott bleibt stumm« heißt eine Gedichtzeile. »Maria Müller-Göglers Lyrik, die sich wie eine glänzende Kuppel über ihr Schaffen wölbt.« Das schrieb Siegfried Unseld in einem Aufsatz zu ihrem 50. Geburtstag. Ja, ihre Gedichte. Diese weltfrommen und schwungsicheren und so leise als möglich aufbegehrenden Strophen. »Ist es das Leichte, das die Schwere hält«, fragt sie angesichts des Turms in Pisa. In den Gedichten scheint es so. Manchmal glaubt man beim Lesen, sie habe sie mit dem Geigenbogen geschrieben. Liebe und sehr verehrte Frau Müller-Gögler, ich hoffe, es werden einmal Laudationes folgen, in denen auch auf die Kuppel Ihres Schaffens gebührend geantwortet wird. Auch Ihre genauigkeitsschönen drei Erinnerungsbücher, die der Kuppel sozusagen die prächtigsten Fundamente nachgeliefert haben, habe ich ausgelassen. Ein bisschen habe ich unterstellt, dass die lyrische Dichterin und die Verfasserin der drei oberschwäbischen Dichtungs- und Wahrheits-Bücher ihren Zeitgenossen schon vertrauter sei als die Schöpferin jenes anspruchsvollen Daseins-Musters in den Romanen. Dieses Lebenausfüllende zwischen Kuppel und Fundament wollte ich erscheinen lassen. Und dann hatte ich mir vorgenommen, endlich einmal Ihre hiesige Sprache zu feiern. Ich wollte mich bedanken bei Ihnen im Namen von Wörtern wie Rossmucken, verschmecken, witschen, pfitzen, trielen, hauig, verstritten, gumpig, bromig, Morgenessen, Flederwisch, Bletz, Bohnenbretschen, Boschen und Patsch; bedanken, weil Sie diesen und anderen gut gewachsenen, wenn auch schwer atmenden Wörtern Eingang verschafft haben ins höhere Deutsch. Genauso möchte man sich bei Ihnen bedanken im Namen von Moorbirken, Sumpfrosmarin, Flatterbinsen, Bleichmoosen, Purpurmoosen, Lichtnelken, Spirken und Kuscheln. Oder im Namen der Ravensburger Türme, die wohl noch in keiner Prosa so würdig talwärts gestiegen sind wie in der Ihren. Oder im Namen der »geschwätzigen Scherzach« oder des Laura-Tals, durch das so viele Müller-Gögler-Figuren gehen; eine Zeitlang, Nacht für Nacht, auch der Hauptamtassistent Adolf Gögler (der Verfasser des *Praktischen Gefäßrechners* und der *Tabelle zur Ermittlung des Inhalts teilsweise gefüllter Fässer*), dieser Zollbeamte, Sachbuchautor und Dichterin-Vater wanderte durchs Laura-Tal nach Schlier hinaus, um einen Schwarzbrenner und »Steuersünder großen Stils« zu überführen.

Man möchte sich schlicht im Namen jenes alles umgebenden Seelenstoffs namens Heimat bedanken bei Ihnen. Hat schon einmal jemand wie Sie das erste Buch, den Juditha-Roman, mit der Widmung versehen: Meiner Heimat?! Und ihr erstes Honorar – es sind, glaube ich, Fasnachtsküchle gewesen – erhielt Maria Müller-Gögler als 13jährige für die Verse: »Ich bin vom Oberlande und das ist keine Schande.« Dass es eher eine Annehmlichkeit werde, von hier zu sein, dazu hat sie ihre Arbeit getan. Dafür haben wir zu danken. Es ist unser Dank, dem wir die Laudatio anvertrauen. Ich käme mir überheblich vor, wollte ich sie durch etwas anderes als durch dankbares Aufsagen ihrer Wirkung preisen. Aber da die Stunde unmissverständlich Laudatio verlangt, greife ich schließlich zu einer hiesigen Formel, die, was ich suche, kühn zusammenschmilzt: typischerweise kommt die Formel Gott zugute. Gott Lob und Dank, sagt man im Oberland. Ich glaube, Gott hat nichts dagegen, wenn ich für heute ummünze: Maria Müller-Gögler Lob und Dank.

(1978)

Drei Notizen über Maria Beig

1. Rabenkrächzen

Ein einzigartiges Buch. Ein Buch, als gebe es kein anderes, müsse nie ein anderes geben. Es besteht nur aus Namen und Mitteilungen. Eine Tat nach der anderen. Keine Schilderung, fast kein Erzählen. Nur ein Sagen. Die Autorin ist allen Personen gleich nah. Nach Homers Art. Aber sie stammt überhaupt nicht aus der Literatur. Aber sie ist auch nicht naiv. Ihre Figuren bekommen nur das an Aussehen, was eine Rolle spielt. Meistens ist es eine Verunstaltung. Eine ist hübscher als eine andere, einer größer oder kleiner. Nichts auf der Welt scheint zwei Sätze wert zu sein. Aber einen Satz ist alles wert. Nichts ist so gering, dass es nicht gesagt werden kann. Aber so gesagt, ist es nicht mehr gering. Geschichtsschreibung aus einer Zeit, in der man nur aufschrieb, was man selber erfahren hat. Chronikstil also. Man war selber dabei oder man hat es von einem, der selber dabei war. Gleichmut ist die größte Tugend dieser Autorin. Gleichmütig sagt sie das Größte und das Kleinste, das Entsetzlichste und das Lieblichste her. Das Entsetzliche überwiegt. Ihr ist alles so gegenwärtig, dass sie es nur nennen muss. In der Handschrift, in der sie es einem zum Lesen gibt, steht alles in großen Druckbuchstaben. Man liest eine Fibel. Alle Geschichten, die sie hersagt, zeigen nur, dass sie Geschichte sind. Privates gibt es nicht. Der bürgerliche Roman hat für diese Sagerin noch nicht begonnen. Erst im allerletzten Kapitel dieser Sage zeigt sie ein bisschen Gefühl, Mitgefühl. Da lässt sie es zu, dass der Verlust als Verlust erscheint. Und gleich möchte man sie gegen sich selbst in Schutz nehmen und sagen, das passe nicht zu ihr, das gehöre sich nicht bei ihr. Sie hat sich so unheimlich gut beherrscht bis dahin. Oder sie braucht überhaupt keine Beherrschung. Ihr furchtbarer Gleichmut leitet sie vollkommen. Bis eben zum Schluss. Das ist aber doch auch eine Wohltat, dass sie endlich wenigstens andeutet, wie die Verluste, die sie in Hülle und Fülle hergesagt hat, sie selber stimmen. Vorher machte es andauernd den Eindruck, man sei gegenwärtig bei einem Sterbenden, der es sich in den Kopf gesetzt zu haben scheint, stumm zu sterben. Das Einzige, was dieser Sterbende immer wieder sagt, ist der Satz: Ich sterbe jetzt. Er sagt ihn gleichmütig. Aber er stirbt nicht gleich. Er könnte noch viele Sätze sagen. Man wartet. Ist fast unanständig gespannt. Aber wenn er endlich den Mund wieder bewegt, ist es wieder der Satz, dass er jetzt sterbe. Man gibt allmählich zu, dass sich mehr nicht sagen lässt. Sollen Sterbende vielleicht plaudern? Und da Maria Beig nichts mitteilt als das, was die reißende Zeit von 1900 bis heute tut, reagiert sie mit ihren trockenen Sätzen einfach auf den Sog, den der Tod auf das Leben ausübt.

Dreizehnfach. Das Buch hat dreizehn Helden. Für mich ist dies Erinnerung ans Großelternland. Die Wörter bzw. die Dinge bzw. die Namen und Taten kommen mir so bekannt vor, dass jeder Satz wie ein Glockenschwengel wirkt, der gegen die Glocke schlägt. Ich muss nach jedem Satz den verschwingenden Tönen und ihren Echos nachhören. Literarisch kommt mir, was Maria Beig geschrieben hat, vor wie etwas, was auf der Wiese gewachsen ist, während wir anderen Schreibenden alle im Garten wachsen müssen. Der Unterschied ist der zwischen Gartensalbei und Wiesensalbei, der zwischen der Gartenakelei und der Wiesenakelei. In Duft und Feuer. Aber wenn ich das lese, denk ich auch: Hauptsache, dass das jetzt da ist. Stell dir vor, Maria Beig gäb' es nicht, oder sie hätte nicht geschrieben! Dann wäre das alles sang- und klanglos untergegangen. Dann wäre die deutsche Literatur um einen deutlichen Posten saft- und kraftloser geblieben. Vielleicht zu unserem, ganz sicher aber: Zu meinem Glück hat Maria Beig nach ihrer frühzeitigen Pensionierung angefangen zu schreiben: Heute liegen schon Manuskripte für drei Bücher vor: *Rabenkrächzen*, *Hermine, ein Tierleben* und *Babette, Helene, Klara und Martha*. Und alle drei Bücher sind gleich schön. Vorerst darf die Gegend sich gratulieren. Aber vielleicht merken auch Leute, denen das nicht Großelternland ist, was hier für eine Stimme spricht. Früher hatte wahrscheinlich jeder eine Großmutter, die so aufsagte, was gewesen ist. Wahrscheinlich kann nur eine Frau alles Persönliche so zurückhalten und ganz der Lebens- bzw. Todessache treu sein. Das ist vielleicht das Wirkungsgeheimnis dieser Bücher: Man hört keinem Individuum zu, keiner Person, sondern einer Stimme. Aber diese Stimme wurde nirgends gebildet als in der Not dieses Jahrhunderts. Dadurch ist sie so stark geworden.

2. Hochzeitslose

Endlich kommen diese Hoffiguren zu ihrem Recht. Jeder hier in der Gegend kennt sie. Frauen mit einer unterirdischen oder überirdischen Ausstrahlung. Uns hat ein Gotthelf gefehlt und ein Laxness und ein Giono. Jetzt haben wir Maria Beig. Auf dreißig oder fünfzig Seiten werden achtzig bis neunzig Jahre erzählt. Jeder Satz ein Schicksalsschritt. Ein Sagenmoment. Ein Heldenvers. Was im Epos der Vers, ist hier der Satz. Fast jeder Satz ist ein Gestus. Ein Vorgang. Etwas nicht wieder gut zu Machendes. Babette, Helene, Klara und Martha sind Heldinnen geworden durch diese Erzählerin. Unzählige Babetten und Helenen sind in den letzten tausend Jahren in dieser Gegend so durchs Leben gestoßen worden, als sei das Leben eine bösartige Maschine, nur konstruiert, so einer Babette oder Helene immer den am meisten schmerzenden Schlag zu versetzen. Und zwar immer den im jeweiligen Alter am meisten schmerzenden Schlag. Eine Sekunde Mitgefühl mit dem anderen –, und schon bist du verloren. So geht es hier zu. Babette hat als Einzige der Familie Mitleid mit dem fünfjährigen Bruder Ludwig, der mit dem Vettermann auf dessen Einödhof hinter dem Wald gehen soll, weg von den Eltern und Geschwistern. Aber dafür soll Ludwig später jenen Hof kriegen. Alle stehen um den schreienden Ludwig herum, grinsend, verlegen. Nur Babette nicht, die zuletzt dazukommt. Der Kleine verkrallt sich in Babette, kommt ihr dabei zu nahe, sie geht mit ihm zum Vettermann, zur Vettersfrau, hinter dem Wald. Für immer. Es ist um Babette geschehen. So wird hier gefügt. So geht es zu. Der Dämon der Vereitelung wacht von jetzt an über ihrem Leben. Von 1900 bis 1970 reicht so eine Babette-Sage. Kriege, Katastrophen, Fortschrittswunder, Traditionslasten ... alles arbeitet mit, um aus dem Mädchen eine Jahrhundertfigur zu machen. Sie wird eine Jahrhundertfigur. Aber eine, an der viele Jahrhunderte mitgewirkt haben. Seit spätgotische und barocke Meister in dieser Gegend hiesige Frauen auf Sockel und Altäre stellten, gab es hier keine solchen Erhebungen mehr. Ehemals wurde das vielfältige Leid in schönste Religion gefasst und so wunderbar generalisiert. Jetzt wird die Passion der unverheirateten Frau auf dem hiesigen Hof in allen ihren ungeheuren Stationen konkret entfaltet. In diesen Frauenfiguren hat die zur größtmöglichen Misshandlung tendierende Regionalgeschichte ihre endgültige Aufhebung gefunden.

Die Geschichte ist in diesen Babette- und Helenensagen sowohl aufgehoben als auch zu Ende. Daher auch die Rührung, mit der man das liest. Es ist vorbei. Und man wird gereizt von einer irrsinnigen Empfindung: Schade. Schade, dass all dieses Furchtbare nicht mehr passieren kann. Es wird keine Babette mehr geben. Diese Sorte Größe ist verschwunden, weil es diese Sorte Qual nicht mehr gibt. Gott sei Dank also. Die Erzählerin lässt nicht merken, wie es ihr bei ihrer Sage selber zumute ist. Es gibt keine Farben und Klänge im Sprachlichen. Sie sagt alles wieder so trocken auf wie schon im *Rabenkrächzen*. Der Kontrast zwischen der Ungeheuerlichkeit der Vorgänge und der Trockenheit der Sage produziert Humor. Diese Sage gewinnt ihre Solidität hauptsächlich dadurch, dass jeder Vorgang wirkt, als sei er tausendmal geschehen, bis er einmal aufgezeichnet wurde. Nichts ist hier so abwesend wie das Subjektive. In den Klara- und Martha-Kapiteln zeigt die Erzählerin, dass sie das nicht nur mit Bauernfiguren kann: Auch das bürgerliche bis großbürgerliche Frauenleben bringt sie in ihre unerbittliche Fassung. Es muss allerdings hier in der Gegend verlaufen, dieses Leben, im Hinterland des Bodensees; und es darf sozusagen nicht gut verlaufen. Das sind die Bedingungen, dass so gewaltige Figuren entstehen wie diese vier Hochzeitslosen, die dann so schön anzusehen sind an ihrem literarischen Ort, diesem Dom aus Zeit.

3. Hermine, ein Tierleben

Wieder klingt nichts erfunden. Jeder Satz ein Faktum. Aber das Schicksalsmuster, das hier entsteht, ist so intensiv, dass Kunst im Spiel sein muss – vielleicht unwillkürliche. Oder sind es *bloß* Tiergeschichten, wie sie in der Erinnerung einer Bauerntochter liegengeblieben sind? Aber es sind ja lauter böse Geschichten.

Hermine hat nicht nur Pech, sie produziert Dilemma. Auf Schritt und Tritt. Im 15. Jahrhundert wäre diese Hermine nach schlimmen Foltern und Verhören ganz schnell als Hexe umgebracht worden. Selbst im 20. Jahrhundert zieht sie aus ihren immer unglücklich verlaufenden Tierbegegnungen noch den Schluss, dass in ihr eine Schuld sein müsse, die die Tiere zu dem katastrophenträchtigen Verhalten ihr gegenüber inspiriere. Diese Katastrophen sind so grauenhaft wie komisch. Allmählich kommt man auf die Idee, Maria Beig erzähle einfach die Furchtbarkeit des Lebens mit Hilfe von Tiererlebnissen; besonders wenn sie die unheimliche und unheimlich schöne Eulenpassage erzählt. Da ist die Erzählerin, als es ihr ans Leben geht, zur Tier-Scheharazade geworden. Durch Erzählen überlebt sie. Der Eule entgeht sie.

Wer das *Rabenkrächzen* liest, kann auf den Gedanken kommen, diese Autorin könne nur ein Buch schreiben, eben diese Hof-Sage in ihrer kriegereichen, katastrophenvollen Zeit. Es ist überraschend, es ist fast ein bisschen sensationell: Diese Frau kann nicht nur die Hof-Sage hin erzählen wie irgend ein Isländer oder sonst jemand aus einem noch sagenstarken Volk, sie kann auch einen Roman zusammentragen aus nichts als Fabelstücken. Das ist eine sonst nirgends mehr vorhandene Fähigkeit. Und sie ist ganz von selbst vorhanden. Als wüsste sie nichts von sich. Diese Hermine kriegt ein durch Wiederholung entstehendes Erlebnisprofil, so bestimmt und traurig komisch, dass man manchmal sogar an den Ritter aus der Mancha denkt. Was ihm die Ritter, sind ihr die Tiere. Von den Rittern gab es ja bis zu seinem Auftritt auch hauptsächlich schöne strahlende Bildnisse. Wie von den Tieren in unserer Zeit. Und da kommt jetzt eine, die hat über und mit Tieren nichts als Furchtbares zu bieten. Zwischen dem spanischen Ritter und unserem Wilhelm Busch suchen diese Beig-Bilder ihren Platz. So kann man wahrscheinlich nur erzählen, wenn man nichts dafür kann. Wer hat sich je so auf die Herkunft verlassen müssen wie diese Erzählerin? Wenn man sich in unserer Zeit, hundert und mehr Jahre nach der Aufzeichnung der letzten Märchen fragt, wie es eigentlich zu Märchen komme, dann fühlt man sich, nachdem man Hermines Tierleben gelesen hat, ein bisschen kundiger. Kein Zweifel – aus solchem

Mund sind die Märchen gekommen. Man wird noch einmal Zeuge des reinen Erzählens. Noch eine Maria Beig kann ich mir nicht vorstellen. Die Höfe sind wegrationalisiert. Wo soll da noch eine Maria Beig herkommen? Wer wird noch einmal so nahe der Not und dem Mittelalter aufwachsen, dass er ein Schuldbewusstsein entwickelt, das eine Fatalität nach der andern direkt produziert! Wo thront noch einmal ein solches Fabelelternpaar über einem kleinen Mädchen und zwingt es durch schaurige Verheißungen zu einem Fehltritt nach dem andern! Wie ein Wesen sich bildet, hier wird's erzählt: peinlich konkret, erschütternd konkret, poetisch.

(1981-1984)

VIER GEDICHTE

Wintermorgen

Erwachend kaum
und zugedeckt vom frommen Schnee
sinken wir zurück in die Frühe.
Dem Kristall der schönen Not
entkommt nur Licht.
Ich möchte nichts wissen,
was die Kerze nicht weiß.
Die Welt gehört unter die Haube.

An eine hiesige Tochter

Lieg nicht so in der Gegend, Kind,
sonst kommt einer, verkleidet
als Wanderer oder als Wind,
trägt vor, wie er leidet,
dann wirst Du weich, dann lind,
dann entkleidet, dann blind,
dann ausgeweidet.

Erfahrung

Ich bin an den Sonntag gebunden
wie an eine Melodie,
ich habe keine andere gefunden,
ich glaube nichts und ich knie.

Rückzug

Der graue Herbst entspricht mir sehr.
Im Nebel kann man schweigen lernen.
Solang ich noch Stimmen hör,
werd ich mich entfernen.

Die Bilder vom wirklichen Reichtum

Über Hubert Berchtold

Man kann sich gut einen Maler vorstellen, der auf der Stufe, die Hubert Berchtold mit vierzig Jahren erreicht hatte, stehen geblieben wäre. Er hatte seine Fläche erobert. Ob er seine Insekten oder seine Stadt malte, es war *seine* Einteilung, *seine* Farbfamilie, *seine* Selektion, *sein* Stil. Er beherrschte diese Insekten- und Stadtbilder so vollkommen, dass er, ohne einem der beiden Motive eine nur noch ideenhafte Gewalt anzutun, sein Bregenz als ein im Winterweiß verewigtes Insekt hinmalen konnte. Obwohl er, glaube ich, überhaupt nicht der Typ des Virtuosen ist, hätte er mit diesen Errungenschaften von jetzt an auch als vital malender Strukturvirtuose auftreten können. *Stadt-Insekt* heißt ein Bild, in dem er seine Errungenschaften spielerisch synthetisierte. Auch sein Insekten-Modell allein erwies sich als so variierbar, dass darauf ein reiferes Malerleben zu gründen gewesen wäre. Was dem seine Kopf-Füßler, dem sein Amöben- bis Spinnenkosmos, dem sein durch die Luft schwimmendes Liebespaar, das konnten gut und gern Huberts Insekten sein. Dass er da von poetisch bis aggressiv alles ausdrücken konnte, hat er von seiner *Käfermauer* über den *Insekten-Mann* bis zum *Großen Kampfinsekt* in zu Herzen gehenden Bildern gezeigt. Sogar jede Stufe spätwerkhafter Verfeinerung schien schon eröffnet zu sein mit den phänomenalen Bildern *Insektenhaftes* oder *Insekt auf Weiß*. Also entweder Bregenzhaftes oder Insektenhaftes oder beides in einem: da hatte einer seinen Ausdruck gefunden. Der durfte jetzt ernten. Aber nur der Schwabe wird schon mit vierzig gescheit, der Alemanne macht weiter, mindestens bis fünfzig. Wenn man nämlich die zehn Jahre später gemalten Bilder anschaut, wenn man sich neben die Bilder der siebziger Jahre stellt, kann man auf die Insekten-Bilder zurückschauen wie auf eine Picasso'sche Stierschädelperiode. Die von schweren Strichen förmlich kasernierten Farbfelder, mit denen Berchtold zehn Jahre vorher seine Bilder manchmal bis zu einer bleiglasschweren, kirchenfensterhaften Ruhe brachte, sind in eine wilde Bewegung geraten, die seitdem nicht mehr aufgehört hat. Die Gegenstände wurden von dieser stürmischen Malbewegung öfter einfach zerrissen, verzehrt. Die Farben, die vorher dunkel tendierten, als wollten sie sich nicht zu sich selbst bekennen, wurden durch diesen Bewegungssturm hell, blank, selbstbewusst, oft geradezu frech und triumphal. Wie er das gemacht hat von 1962 bis 1970, das wäre der echte Künstlerroman. Das erste Kapitel nach dem Stadt- und Insektenkapitel trüge die Überschrift *Flaschen*. Oscar Sandner hat über die Flaschen-Jahre geschrieben: »Der Moment des Bildes fast aller dieser Bilder ist der Sturm.« Da biegen sich also die Flaschen, da streiten sie miteinander, da hauen sie ab, drängen innerhalb des Bildes immer noch tiefer ins Bild hinein, erobern dem Berchtold-Bild damit, was die Insekten- und Städtebilder geradezu ängstlich vermieden, immer tiefere Bildtiefe, also Raum. Und radikal, wie dieser Maler jeweils ist, vergöttert er den Raum jetzt genauso, wie er vorher die Fläche vergötterte: Er betet ihn an, mit dem Pinsel.

Mit dem sprödesten Gegenstand, mit Flaschen, und mit der farblosesten Farbe, mit Weiß, bestreitet er sein Abenteuer Raumeroberung. Vom *Weißen Stillleben mit roter Flasche* (1966) und dem *Weißen Interieur* (1966) bis zum *Bewegten Stillleben* (1969) geht das, dann kann er den Raum so gut, wie er vorher die Fläche konnte. Er kommt bei diesem risikoreichen, von nichts als von einer Art Maldrang geleiteten Entwicklungsabenteuer an südlichen Säulein vorbei und lässt sie mitreißen von seinen Farbfluten. »Säule, wie gleichst du der Flasche«, kann Oscar Sandner, weil er Lyriker ist, ausrufen. Jetzt wird immer auffälliger, dass bei Berchtold-Bildern die Malbewegung, aus der sie entstanden sind, zur Substanz gehört. Bilder im Fluss, möchte man sagen.

Also durch Richtungen, durch Bewegung, also durch Raumschaffendes zeichnen sich die Bilder jetzt aus. Ein Bild, 1973, kann dann schlicht und pathetisch Raumbewegung heißen.

Bei den eingefriedeten Teilflächen, aus denen die Insekten- und Stadtbilder sich zusammenfügten, hatte jede Partie ihre eigene, nicht über diese Partie hinausführende Malbewegung. Daher die Ruhe. Jetzt aber wird man Zeuge eines abenteuerlichen und dramatischen Malens. Der Pinsel will mit dem Maler durchgehen, dann zwingt der ihn zu einer Kurve, dadurch hat er jetzt offenbar mit einem Körper zu tun, also gut, er gibt nach, soll die Wucht, die durch die Hand hinauswill, sich gefälligst in einen Körper finden, aber immer wieder bricht die Hand, bricht die Wucht einfach aus, sie mault nach, könnte man sagen, macht Gränna, wird frech, der Maler kommandiert: Etz duosch, was ma d'r set, also folgt sie; geradezu schüchtern zieht sie jetzt ein paar ironisch-dekorative Farbstreifen an den vorher im puren Übermut erzeugten wilden Volumina entlang. Und so weiter.

Zweifellos gebe ich da den Malvorgang ziemlich veräußerlicht wieder. Wie aus den tieferen Schichten Nötigungen bis in die Hand dringen, entzieht sich einer Sprache, die sich nicht über das Beschreiben hinaustraut. Geben die Bildtitel etwas her? Bieten sie eine literarische Ebene an, auf der man sich diesen Bildern sprachlich nähern kann?

Im Bildtitel entscheidet der Maler, wie weit er ein Bild an eine andere Kunst verraten will: an die Literatur. Er kann durch den Titel auch jeden Kontakt dieser Art ablehnen. Berchtold tut beides. Sein fabelhaft poetisches Bild *Kä-*

Hubert Berchtold, *Figurenknoten*

fermauer kann eben nicht *Mauerkäfer* heißen. Sein Titel *Insektenmann* ist ein rein literarischer Krönungs- und Auslieferungsakt. Auch zehn Jahres später, also auch bei den Bewegungs- und Raumbildern, die den Gegenständen oft gefährlich werden, in denen die Gegenstände von den Farbausbrüchen geradezu lächerlich gemacht werden können, auch da ist er beim Titelgeben manchmal sprachehrgeizig und tauft so kühn, wie er gemalt hat: *Freudenschiff*, *Figurenknoten* …

Aber immer öfter lässt er jetzt das Taufen sein und gibt sich spröde und tut so, als sage er nur, was man ohnehin sehe: *Raum ohne Figur*; *Zwei sitzende Figuren im Raum*. Aber wenn dann ein Bild *Drei nebeneinander* heißt oder *Ronda*, dann ist das nichts anderes als eine Einladung, sich abzustoßen von diesem Titel. Was sind mir *Drei nebeneinander*, was ist mir *Ronda!* Dass man das Bild immerzu anschauen möchte, das liegt daran, dass die Farberuption, die Farblava, das Farbgebirge, dass der Farbkatarakt in den noch sichtbaren Pinselstrichen, also im Schaffensmoment, gegenwärtig geblieben ist. Die Wucht, die da durch Malen gebremst wurde, teilt sich noch immer mit. Eine eigentlich unglaubliche Balance ist erreicht: Alles überfluten wollende Farbtendenzen und zum Bleiben zwingende Gegenständlichkeit kommen miteinander aus. Offenbar ist da jeweils eine Art Existenzwut zu stillen, und zwar dadurch, dass sie sich ausmalt in immer riskanteren Bildräumen. Dass etwas so Riskantes, so wenig Planbares, so gar nicht Voraussehbares artistisch gelingen kann, ist ein Hinweis darauf, dass hier einer sein Innerstes trainierbar gemacht hat. Die Titel verraten nicht nur, sie demonstrieren, dass sie nachträglich entstanden sind. Man kann sich ja nicht hinstellen und sagen: Jetzt mal ich *Figurenknoten* oder *Freudenschiff*. Vorsätzlich malen kann man nur *Mauerkäfer*, aber nicht *Käfermauer*. *Käfermauer*, das ist Traum, Drang, Poesie, Existenz, Kunst. Er würde sich genieren, uns auch nur im Geringsten etwas einzureden per Inhalt. Was er malt, möchte er am liebsten dadurch, dass er es malt, zum Verschwinden bringen. Er möchte uns nur vorführen, wie er malt. Wie er malen muss. Nichts soll vom Bild ablösbar, als bewältigtes Thema etwa, auch noch Schwarz auf Weiß, nach Hause getragen werden können.

Dem Kunstexperten ist das sicher trivial. Es gibt Begriffe für dergleichen. Auch für Huberts Farbgewitter. Aber ich will natürlich mehr. Ich bin Laie, also indiskret. Ich will ins Zentrum. Ich will dahin, wo sie herkommen, die Farbausbrüche. Ich möchte am liebsten genau nachempfinden, warum es an dieser Stelle einer Farbdrift plötzlich zu dieser Rotschwarzverfinsterung kommt. Die Direktheit ist das, was einen anzieht. Man erlebt Vehemenz, Unruhe, Strömung, Wucht, also Kraft. Aber nicht Kraft als Protz, sondern als Problem. Es könnte sein, dass sie sich überhaupt nicht mehr zu fassen weiß. Dann wäre sie nicht mehr als Kraft zu erleben, sondern als Schwäche. Diesen Vorgang der Kraft-Fassung erlebt man auf diesen Bildern. Und es ist, glaube ich, noch zu sehen, dass es eher schmerzlich als lustvoll ist, das Innerste, um es überhaupt mitteilen zu können, so ins Bild zu zähmen. *Ronda*, zum Beispiel, in einem weiß lohenden Raum ein immer röter werdendes Farbmassiv, das sich, je steiler es abfällt, um so mehr verfinstert, und das auf sich noch ein paar haushafte Farbkonzentrationen erträgt. Oder die *Häuser am Hang*: in einer Schwebe zwischen einer hellen und einer dunklen Unbewohnbarkeit. Aber mit solchen Bezeichnungen spricht man schon wieder über das Gemalte, also das Gesehene weg. Sehen tut man Farben in reißender Bewegung, die gerade noch durch Gegenstände domestiziert werden. Jedes Bild ein Zähmungsvorgang. Jedes Bild der Versuch, eine farbige Aufregung zu besänftigen, oder ihr wenigstens einen Grund zu verschaffen. In jedem Bild eine Energie, die Lust hätte, sich unmittelbar auszuwirken, die sich aber – und das tut weh – fassen muss. Diese Energie treibt und reißt als Farbe in die Bildtiefe und wird fassbar, weil sie einen Widerstand, einen Gegenstand produziert. Manchmal triumphiert die fortreißende Farbflut, manchmal der Gegenstand. Ein Kampf ist es immer. Auf dem *Freudenschiff*-Bild wehrt sich der Gegenstand nicht mehr, sondern entsteht schon, wird schon gemalt im Zustand der Mitgerissenheit. Das *Freudenschiff* ganz in Schwarz wird in einen universalen, weltfüllenden weißen Fall hinabgerissen. Von rechts oben nach links unten. Am linken Bildrand wuselt kalligraphisch ein Posten Haare ins Weiß. Da kommt der exakte Lyriker Sandner zu Hilfe: »Schamhaare sind reine Kalligraphie.« Aber ein gutes Stück unter denen, mitten im wildesten Weiß, ein Lippenpaar, senkrecht gestellt. Spätestens hier erlebt man den Paradefall: Die Sprache kann solche Bilder nur verletzen. Die kritisierenden oder mythisierenden Medaillons der Insektenstufe wären noch leichter sprachlich zu fassen gewesen als die alles durch die gemalte Malbewegung ausdrückenden Bilder. Diese Bilder bestehen darauf, keine ablösbare Geschichte zu erzählen. Energie ist Energie, kein Inhalt. Es gibt Formeln, aber von denen hat man nichts. Die Lichtausschüttungen, die Farbverfinsterungen, dieser immer ins Vorchristliche tendierende Streit auf den Berchtoldbildern erinnert mich an Dialekt und an Turner. Es kommt mir vor, als sei das eine Paarung von Eleganz und Ursprünglichkeit, von Disziplin und Spontaneität, womit ich bei der allgemeinsten Kunstbedingung überhaupt gelandet wäre. Es müssen eben diese beiden einander logischerweise Ausschließenden, es müssen Spontaneität und Disziplin zuerst einmal auf eine dem Verstand fremd bleibende Weise Hochzeit gemacht haben, bevor Kunst möglich wird. Den Wunsch, diese Hochzeit zustande zu bringen, hat jeder. Jeder möchte sich jetzt endlich einmal sofort und total ausdrücken. Dieser immer an einem herumnagende Wunsch wird durch Berchtolds riskante, direkte Bilder mächtig erregt, voll entzündet. Jeder kennt diesen Hang, sich jetzt endlich einmal mitreißen zu lassen. Aber er bremst sich. Er spuckt dann doch lieber aus. Jeder ist eine ewig gestaute, gehemmte Wucht. Jeder möchte endlich heraus aus sich. Aber unsere aus tausend ungemäßen Quellen zusammengeschusterte Kultur hat vor jeden Ausdruck eine Verbotstafel gestellt, eine Bedingungshürde: Es darf nur Vernünftiges heraus, etwas, was einen Sinn ergibt; etwas, wo das a vor dem b kommt und so bis zum z. Das heißt, es muss immer eine Geschichte sein. Eine Wenn/dann-Folge. Und wenn nicht das, dann doch eine Dann/wenn-Folge. Erlaubt ist auch noch Dann/dann und Wenn/wenn. Auf jeden Fall schuf am Anfang Gott immer Himmel und Erde, und am Ende ist einer immer am Kreuz und sagt, es sei vollbracht. Das ist der Inbegriff der story. Ob wir nun malen, dichten, musizieren, wir sind gehalten, immer drei Könige zu berücksichtigen, einen Stall, einen Stern, einen Gegenstand, dessen story mehr außer uns liegt als in uns. Mit dieser traditionellen Begünstigung der story gegenüber der Existenz wird unsere Spontaneität eingeschüchtert; der Disziplin wird ihr Gegenpart geschwächt, wodurch sie selbst auch an Notwendigkeit und Potenz einbüßt; immer mehr profitiert, triumphiert das von vornherein Machbare, das Anvisierbare, das ganz kleine Einmaleins, der risikoloseste Ausdruck des doch so riskanten Prozesses menschlicher Geschichte. Die menschliche Geschichtsmächtigkeit wird durch story herabdressiert auf etwas immer schon Gehabtes, etwas leichter Brauch- und Beherrschbares. Wir werden ja mit jedem Namen auf eine story getauft; das potentere eigene Muster in uns darf gar nicht erst entwickelt werden. Wir verbringen unser Leben, erdrückt von Patenschaft. Die Berchtoldschen Farbdriften und -schübe reizen das in jedem unterdrückte Muster, machen Mut, der eingeführten story wenigstens versuchsweise zu kündigen, damit man den eigenen Reichtum einmal ahne. Einmal, bitte, unser wirkliches Muster, das noch keinen Namen hat. Einmal, bitte, wirklich die bloße Tendenz des Daseins, jetzt. Einmal, bitte, das Oszillogramm unserer Existenz. Einmal, bitte, ohne den Fallschirm Grammatik, ohne das Netz Logos, das doch auf nichts als story hinausläuft. Einmal, bitte, Schwere oder Wucht unseres Daseins ohne die ewige Vorwegdressur. Diese Bilder zeigen einen, der sich darin übt, das Risiko zu vergrößern. Er lernt, sich gehen zu lassen. Das ist sogar seine Spezialität. Seine Disziplin. Er kann aus sich heraus. Was muss man können, um so aus sich heraus zu können? In jahrzehntelanger Arbeit eine Disziplin à la Berchtold entwickeln, die dich befähigt, nie mit dir selber Schluss zu machen, alles Begegnende als Reiz zu empfinden, den Ausdruck so oft zu probieren, bis das, was mehr zu einem anderen als zu einem selbst gehört, weggelassen werden kann. Das heißt herauszubringen, was ich muss. Die eigene Notwendigkeit kultivieren, darauf läuft alles Ausdrucksgewerbe hinaus. Hubert Berchtold arbeitet sich an einem Motiv immer jahrelang aus. Das führt zu seinen Serien. Proust sagte, erst in der Wiederholung zeige sich ein Meister. Diese so vital daherkommende Malerei ist ja nicht zu verwechseln mit Temperamentsausbruch, Vitalität und dergleichen. Sie ist so nervös wie zäh, so jäh wie ruhig, so hochfahrend wie gedrückt, so cholerisch wie lyrisch.

Ich sehe an diesen Bildern, dass es überhaupt möglich ist, das, was man ist, viel tiefer drin abzunehmen, viel näher am Quellpunkt, da, wo es noch etwas hergibt. Solche Bilder wollen unsere Zurechnungsfähigkeit unterlaufen. Wir ahnen, dass tief unter unserer Zurechnungsfähigkeit Fähigkeiten liegen. Aber wir lassen in diesen Schichten lieber die normierten Griffel der Psychoanalyse herumkratzen, anstatt uns den Energien à la Berchtold auszusetzen. Wir haben das nicht gelernt. Wir lernen das nicht. Nicht in unserer Abrichtungskultur. Wir können uns das nicht leisten. Diese Bilder zeigen, dass man sogar eine Disziplin trainieren kann, so tief drin in sich noch zu wirtschaften, zu entwickeln, zu bilden. Man kann den Händen dabei sozusagen nicht mehr kontrollierend zuschauen, und doch kann man die Hände ausbilden, dass sie arbeiten nach dem dringenden Geheiß einer traditionell unterdrückten Stimme. Im günstigsten Fall kommt so ein Muster heraus, das reicher ist als die story, ein Existenz-Muster. Wer das Muster zwar will, aber das Risiko fürchtet, erreicht Kunstgewerbe. Hubert Berchtold ist, glaube ich, dagegen, dass er etwas macht, was er schon kann. Was er schon kann, empfindet er, wenn er es noch einmal machen würde, als falsch. Die Wiederholung ist alles andere als Reproduktion. Wiederholung, um sich selber diesmal noch näher zu kommen, das Notwendige noch schärfer zu fassen. Sich also aufs Spiel setzen, so sehr als man kann. Dann erfährt man: Die Selbstempfindung nimmt zu mit dem Risiko.

Für diese Berchtoldsche Kunst- bzw. Lebensweise möchte ich zum Schluss aus einem der grandiosesten Prosastücke nicht nur des 19. Jahrhunderts eine Illustration herbemühen, aus Edgar Allan Poes A DESCENT INTO THE MAELSTRÖM.

Drei Brüder, Lofotenfischer, geraten da mit ihrem Schiff in den Mahlstrom; das ist ein Wasserwirbel, der sich während einer Orkanflut so rasend dreht, dass ein sich drehender Wassertrichter von ein paar hundert Metern Durchmesser entsteht. Einer der Brüder wird, als das Boot in den Trichter gerät, sofort über Bord gerissen, die zwei anderen klammern sich noch fest. Der, der den Vorgang erzählt, beobachtet, dass das Schiff auf der Wasserinnenwand des Wirbeltrichters von Drehung zu Drehung an Höhe verliert. Es ist voraussehbar, dass das Schiff in den Abgrundstrudel des

Trichtermittelpunktes hinuntergerissen wird. Er bindet sich an die letzte verbliebene Wassertonne, signalisiert seinem Bruder durch Zeichen, dass er mit der Tonne über Bord springen will. Der winkt verzweifelt ab. Das Boot ist schließlich alles, was sie noch haben, es zu verlassen, Wahnsinn. Aber der Erzähler wirft sich mit dem Fass in das rasende Wasser und sieht bald, wie Schiff und Bruder sozusagen folgerichtig in den zentralen Wirbelpunkt der Vernichtung hinabgerissen werden, während er mit anderem Fragment allmählich bei abflauender Sturmflut, also bei sich einebnendem Trichter, wieder auf die Meeresoberfläche gelangt und, zwar gebleichten Haars und schwer schockiert, gerettet wird. Das Schiff ist das Zurechnungsfähige, die Vernunft, die story … Der, der sich auf das Fass bindet und sich ins wilde Wasser stürzt, das ist, wenn Sie gestatten, Hubert Berchtold. Er wird also gerettet werden. Gott sei Dank. Und das nicht durch Zufall, sondern durch Vertrauen zum Risiko, also durch Kunst.

(1982)

Vom schöneren Tod

Zu Tübkes Bauernkriegsbildern

1.

Das Tanzen ist überhaupt nur des Todes wegen entstanden. Das Scheußliche erzwingt Ballett. Siehe Tübkes Bauernkriegsbilder. Die Qual des gefolterten Bauern liefert nicht weniger Quadratzentimeter Schönheit als der aus Verbrechen gewobene Kostümbrokat des Fürsten. Nichts als schön ist das vom Adeligen gelenkte Pferd, das die niedergeworfenen Bauern zertrampelt. Fratzen, Engel, Knechte, Herren, Kreuze, Puppen, Trottel, Spieße, Trommeln, Masken, Mandolinen, Folterzangen, Pfingstflammen, Palastfragmente, Pferdeleiber, Rüstungsteile, Quäler und Gequälte en masse, jede Art Rolle, also Vermummung, und alle und alles von einer Geschichte ergriffen, in der sie fortgerissen werden, aber, im Fortgerissenwerden, noch einmal festgehalten: vom Künstler. Dadurch erscheint nicht mehr Gerechtigkeit als war. Aber mehr Schönheit. Damit müssen sich die Mörder und die Gemordeten zufriedengeben. Das Schönste ist allerdings der einzige bloße Leib, der im Dickicht der Schergenpuppen von Puppenschergen aufs Kreuz gelegt und genagelt wird. Sein singuläres Gequältwerden ergibt das Allerschönste. Der Rest ist Muster. Geschichte als Passion. Ohne Solo. Der Künstler rächt durch Choreographie.

2.

Die Bauernkriegsbauern waren süße Männer. Durch und durch verschönt vom Christentum. So wenig Böses zu wollen, so versessen zu sein auf nichts als das Gute; frei leben zu wollen, aber nicht ganz frei, unter guten Geboten, über-

e.a

haupt nicht in fleischlichem Mutwillen; den Wald, das Wasser, das Feld miteinander haben zu wollen; den Pfarrer selber wählen und zahlen zu wollen; nur Herren haben zu wollen, die ihnen gefallen; nicht parteiisch gerichtet werden zu wollen. Gott im Nächsten erkennen zu wollen und dem alles zu tun, was man selber auch gern hätte! Und so wollen sie denn selbst das, was sie wollen, nicht, falls man es ihnen aus dem Grund der Schrift als nicht Gottes Wort gemäß erklärte. Beschwerung und freundliches Begehren mit angeheftetem christlichen Erbieten: so sanft beantworten sie die standesgemäße Willkür der Herren. Ja, von christlicher Süße ganz durchdrungen waren die Bauernkriegsbauern.

Sy ivolten niemant beleidigen, sondern allein das haylig evangelium hanthaben und dem göttlich rechten ain bestant thuen.

Aber der Multi von Gottes Gnaden, Ferdinand, Prinz und Infant in Hispanien, Erzherzog zu Österreich, Herzog zu Burgund, zu Brabant, zu Stair, zu Kärnten und Crain, Graf zu Tyrol etc. macht seinen edlen, seinen lieben und getreuen Georg, den Freyherrn zu Waldburg zum obristen Feldherrn des Schwäbischen Bundes und gibt ihm den Fürstenberg bei, einen Hutten, einen Bappenhaimb und schickt ihm 500 gerüste pfert, 300 schicken ihm die Bischöfe von Mainz, Bamberg und Würzburg, 300 der Pfalzgraf Ludwig, 200 der von Bayern, 200 der von Brandenburg, 200 der von Hessen, 300 die Bischöfe von Augspurg und Aychstetten etc. etc. etc.

… und fanden bey Laupheimb etliche pauren underwegen, deren erstach man bis in die anderthalb hundert, die anderen entliefen in die hölzer …
… und ließ der truchsäss zue ainem schrecken etliche dörfer verbrennen …
… und am abent, als sich tag und nacht schaiden wollten, ließ er sein geschütz zum ave Maria nach seim alten brauch abgehen …

… und sagte der von Waldburg zue denen in Böblingen: Ir habt euch an mich ergeben und sovern ir mir nit weit glauben halten, will ich euch alle, sambt weib und kindern, erwürgen …
… und auf selbigen abent ließ der truchsäss ine an ainen paumb mit einer langen eyßenen ketten binden, dass er umb den paumb auf zween schrit weit laufen möcht, befalch guet holz zue bringen. Das ließ er ringsumb etwa anderthalb clafter von dem paumb auf ainander legen, anzünden und den Übeltäter durch den nachrichter braten, also dass ime der gantz leib in beynach einem viertel ainer stunt zue eitelem braten, und er noch leben waß bis zue letster abschied …

Bis ich in diese Christengegend kam, galt Religion nicht mehr als Männersache. Frauen waren fromm. Männer hätten sich geniert. Es war, als suchten sie nach etwas anderem, mit dem man sich gegen Herrschaft wehren konnte. Denn die gab es noch. Auch der Tod war trotz jahrhundertelanger Versuche in jeder Richtung nichts Sinnvolles geworden. Im Gegenteil, der Tod hatte unheimlich verloren in diesen Jahrhunderten. Der Tod hat so viel eingebüßt an Sinn, dass man sich wundert, warum wir nicht schreien. Still sitzen wir und gehen wir, keiner gesteht, dass er am Sterben ist. Jeder ein großer Indianer. Jeder ein Künstler. Jeder ein einzigartiger Leib, der im Dickicht der Schergenpuppen von Puppenschergen auf's Kreuz gelegt wird. Und genagelt. Schön sind natürlich auch die, die uns beweinen.

3.

Schön, dieses Murmeln der Arienvorspiele in gewöhnlichen Opern des 19. Jahrhunderts. Natürlich hat die Erde auch noch eine Zukunft. Aber das Übergewicht des Todes ist grotesk. Eigentlich sollte man jetzt grotesk dreimal oder dreitausendmal hintereinander hinschreiben. Sicher, auf der

Erde werden noch mehr Menschen geboren werden als bisher schon gestorben sind. Aber diese Billiarden Ungeborener wiegen nichts, verglichen mit den Toten. Jeder dieser Toten hat gelebt, hat dann einen Toten abgegeben. Das ist die größte Leistung überhaupt. Wer traut sie sich zu? Ich nicht. Ich habe immer das Gefühl: Sterben, das schaffst du nie. Ich bewundere jeden (jeden!), der's geschafft hat. Jeder Quadratmeter ist übersättigt mit Toten. Ich möchte andauernd den Kopf sinken lassen. Noch Billiarden werden den Kopf heben. Aber die Schwerkraft kommt vom Tod. Dagegen tanzen wir.

4.

Wir sterben, aber es gibt keinen Tod. Tod ist ein Hauptwort, das für nichts steht. Es gibt Gestorbene, aber es gibt keinen Tod. *Der Tod ist eingetreten*, das ist eine Formulierung wie *Der Engel des Herrn* oder: *Vater unser, der du bist im Himmel.* Unsere Bedürfnisse sind eine Wirklichkeitsschmiede. Da wird das Notwendige produziert. Wir können doch nicht andauernd von unserer Vernichtung reden, also reden wir vom Tod. Heldentod, Märtyrertod, Liebestod, Freitod. *Tod, wo ist dein Stachel nun?* Als ich mir ins Gesicht griff, stieß ich nur noch auf meine Knochen. Haut und Fleisch flossen förmlich weg unter dem Zugriff meiner Finger. In rasch zunehmendem Schrecken musste ich meinen Totenschädel abtasten. Dabei denke ich so gern an meinen Tod. Aber ich will ihn nicht spüren.

5.

Um der Banalität heutiger Tode zu entgehen, empfiehlt sich ein Blick in die Geschichte. Historische Tode sind einfach was anderes. Her mit Kostümtoden. Mit Todeskostümen!

Her mit Blochs C-Dur im Trauermarsch. Dann Abteilung marsch! Golgatha-Frankenhausen, halt! Absetzen. Nageln. Aufrichten, Erhöhen. Noch höher. So hoch als möglich. Immer so hoch als möglich. Und prächtig. Kreuzigungselend schreit nach Pracht. Was ist ein Sonnenaufgang gegen einen Sonnenuntergang!

6.

Es fehlt also an Todessinn. Das wird das Problem. Die armen und vom Glauben durch und durch süßen Bauernkriegsbauern waren reich an Todessinn.

Steuert ans Fähnlein der Gerechtigkeit
Uns armen Bauern zur Seligkeit.

Sie waren ja sogar noch unter sich eins. Durch alles. Ein Bauer gleicht dem anderen wie eine Milch der anderen, spotteten auf ihre Wappenunterschiede stolz die Herren. Gleich und gleich gesellt sich gern, höhnten sie, wenn sie der Reihe nach abstechen ließen. Inzwischen ist das Herausarbeiten von Wappenunterschieden zur Produktion von Unterschiedswappen fortgeschritten. Am Fließband werden Einsame produziert. Mit industriell gefertigten Indianertugenden versehen, werden wir dem für uns speziell für uns produzierten Tod überlassen. Wo der Sinn fehlt, springt Unterhaltung ein. Wir verabschieden uns für heute von unseren Zuschauern. Wir werden in wenigen Minuten in Zürich-Kloten landen. Wir haben nicht zu klagen. Der in der Vergangenheit per Passion erworbene Sinn ist noch nicht ganz alle. Wir zehren davon. Die Avantgarde meldet: Sinnlosigkeit voraus. Also verkrümele ich mich bei den Leichnamen meiner Vorfahren, die, elend und prächtig, das Feld bedecken, das, vor lauter geschichtlicher Bewegung, ein Fluss ist, ein Sturzbach von Bildern, von Sinn. Da kann man mir erzählen, was man will, ein Tod mit Sinn ist besser als einer ohne. Den gibt's natürlich nur, wenn man ein Teil ist, irgendwo dazugehört. Wenn man nicht sich nährt, sondern das Muster. Das Sinnbild beziehungsweise die Geschichte.

(1981)

Erinnerungen an die bayrische Lehrzeit

Wenn man in einer dörflichen Gastwirtschaft aufwächst, erfährt man mehr über Politik, als man in dem Augenblick, in dem man's erfährt, verstehen kann. Heute weiß ich, was es bedeutet, dass in Wasserburg im Kreis Lindau immer Weißblau im Spiel war: an den Uniformen der Dorfmusik, an den Fahnenmasten, wenn einer in den ersten Nazi-Jahren noch protestieren wollte, in den Dialekten der Zöllner, der Lehrer, der Polizisten, der Pfarrer, der Amtspersonen. In einem damals schönen Teil Wasserburgs wurden in den Dreißigerjahren zwei Mietshäuser gebaut, da zogen Leute ein, die eine schrille, alle Vokale quetschende und verbiegende Sprache sprachen. Das waren die Zollbeamten. Ihr Dialekt war bayrisch. Den Ortsgruppenleiter stellte diese bayrische Truppe. Und ein paar andere Chargen auch. Einige dieser Bayern gingen niemals in die Kirche, im Gegenteil, sie machten sich in unserer Wirtschaft über den Pfarrer lustig. In der Volksschule sprachen die Lehrerin und der Lehrer bayrisch-schwäbisches Hochdeutsch. Ich nehme an, sie kamen aus der Gegend zwischen Iller und Lech. In der Oberschule in Lindau herrschte dann strengstes Bayrisch: Mathematik, Latein, Englisch und Deutsch, alles kriegte ich in bayrischer Version. Und zu meinem riesigen Erstaunen sprachen in Lindau auch Leute außerhalb der Schule diese bayrisch klingende Sprache. Die meisten Schüler zum Beispiel. Sie waren Bürgerskinder. Oder Kinder von Beamten des Finanzamts oder der Reichsbahn oder der Volksbank oder der Bayerischen Hypotheken- und Wechselbank. Je niedriger der Stand des Vaters, desto mehr klang unser eigener Dialekt durch, der alemannische. Nun war schon mein Vater auf diese Lindauer Schule gegangen. Damals hieß sie noch königlich-bayrische Realschule. Bei ihm hatte

– er war ein Bauernsohn – das Bayrische nicht gesiegt. Aber in der Regel überlebte ein Dialekt nicht, wenn man sechs oder acht Jahre in diese rein bayrische Schule ging. Das war meine erste und wichtigste Begegnung mit der bayrischen Kolonisationsfähigkeit. Am Stammtisch der elterlichen Wirtschaft sagte man, wenn man nach München fahren wollte, man fahre nach München *hinein*. Wir waren Randlage. Das Zentrum München sagenhaft weit weg. Von dort kamen die Erlasse. Dorthin ging, nahm man an, unser Geld. Aber im Grunde war das keine Beziehung. Die Wittelsbacher waren wohl früher ein paar Mal auf ihrer Eisenbahn an den See gefahren, hatten am Lindauer Ufer wohl auch eine Villa und schickten irgend eine Prinzessin mit Lächelauftrag zum Kinderfest, aber so hatten sie allenfalls den Lindauern ihr Bildnis eingeprägt, und auch da wahrscheinlich eher den bürgerlichen als den kleinbürgerlichen Schichten.

Die Äpfel eines unserer Apfelbäume trugen als Sortennamen *Prinz Ludwig*. Sie schmeckten wunderbar, sind längst ausgestorben, der Sortenrationalisierung zum Opfer gefallen, heute heißt ja fast alles *Golden Delicious*. So ist das eben bei Kolonisierungsprozessen. Man übernimmt schlechterdings alles von der herrschenden Macht.

Ich war vielleicht zwölf oder dreizehn Jahre alt, und ringsum herrschte Drittes Reich, da las ich im königlichbayrischen Lesebuch meines Vaters, dass Heinrich Heine ein zynischer, des echten Gefühls unfähiger Literat gewesen sei. Kein Wunder, dass er deshalb auch eleganter Formen fähig war. Dieser Schluss wurde nahegelegt. Also Aufklärung durfte man aus München nicht erwarten.

Für mich wurde das Bayrische das Gutbürgerliche, zu dem ich meiner kleinbürgerlichen Herkunft wegen mit Misstrauen und Ressentiment aufschaute. Erst sehr viel später, als ich längere Zeit in bayrischen Kerngegenden verbrachte, in Garmisch und in Regensburg, erst dann erfuhr ich, dass das Bayrische nicht nur dieser putzige oder frömmelnde Wittelsbach-Imperialismus, ausgeführt von bürgerlichen und kleinbürgerlichen Herrschaftsimitatoren war. Bevölkerung, Volk, Leute, das ist ja etwas anderes als eine Beamtengruppe, die man an den Bodensee schickt, dass sie dort den Eingeborenen Lesen und Schreiben und bayrisch Denken beibringen sollte. Gerade das Lesen und Schreiben hatten wir doch bei St. Gallus und seinen Nachfolgern schon ganz gut gelernt gehabt. Aber politisch waren wir dann unter Habsburg verkümmert und deshalb wohl auch zivilisatorisch; und zwar innerhalb und außerhalb der Reichsstadt Lindau. Da hatten wir in den 150 Jahren bayrischer Verwaltung einiges nachzuholen. Was wir da lernten, haben wir, glaube ich, ehrlich bezahlt. Vielleicht ein bisschen zu teuer.

Ich will nicht darüber klagen, dass wir beim Reichskonkurs an München, anstatt an Stuttgart gefallen sind, obwohl dann jetzt wenigstens mehr Alemannen zwischen Lech und Oberrhein in *einem*, wenn auch nicht in ihrem Staat vereinigt wären: Wie wir zu Bayern kamen, das vollzog sich ja auf eine so juxhafte Weise, dass man es eher auf der Operettenbühne als auf der sogenannten politischen Bühne sich abspielen sehen möchte. Aber die Operette ist offensichtlich doch ein realistisches Genre. Napoleon sagte wirklich: Prenez!, und der bayrische Baron von Grafenreuth nahm, nahm den Württembergern das wieder weg, was die durch Bestechung Talleyrands schon an sich gerafft zu haben glaubten. Drei Huldigungen hat die Stadt Lindau um 1805 herum ausrichten müssen. Die herzlichste sei nicht die dann endgültige, also die Bayern gewidmete gewesen, sondern die für Österreich. Klar, die Vorarlberger sind ja auch unsere Leute. Allerdings gehören die wahrscheinlich so wenig nach Wien wie wir nach München. Und einen alemannischen Staat haben die hiesigen Alemannen eben nicht geschafft. Das, was Napoleon in *der* Richtung mit den Zähringern in Karlsruhe inszenierte, zeigte nur, wie unbegabt dieser Stamm in Fragen der staatlichen Organisation ist.

Im Kreis der Rheinbund-Diplomaten habe man die Bayern *les Prussiens du Midi* genannt. Das verbürgt natürlich auch ein gewisses Organisations- bzw. Kolonisationsniveau. Inzwischen ist die Zeit, in der sich in Mitteleuropa Stämme noch Staaten leisten konnten, längst vorbei. Fusionen jeder Art haben zu immer größeren Machtfirmen geführt. Als Gegenbewegung ist der Föderalismus entstanden. Bayern, einst der Imperialist, ist selbst vom Verlust seiner Substanz bedroht. Die Auszehrung des Regionalen ist im Gange. Die Täler werden aufgetrocknet.

Wenn Regionales überleben soll, müsste Demokratie radikal ernst genommen werden. Aber ich glaube nicht, dass jemand in Bonn oder München oder Stuttgart Demokratie so ernst nehmen möchte. Dann könnte man nicht mehr einfach einen rheinischen Konzernmanager zum Abgeordneten eines Allgäuer Wahlkreises machen oder an der Bewässerung des Neckars mit Bodenseewasser zugunsten irgendeiner Industrie herumverschwören.

Am meisten geht ja wohl verloren in der Welt durch das Herrschen und Beherrschtwerden.

(1972)

Einblick in eine Bildungslücke

Über Georg Heinrich Dikreiters *Vom Waisenhaus zur Fabrik*

Könnte es sein, dass wir auf einem Bein stehen? Ist es möglich, dass wir nur die Hälfte erfahren vom Erfahrbaren? Vor dem 19. Jahrhundert war es noch weniger. Dann hat das Bürgertum sich endgültig publiziert. Aber erfahren wir seitdem alles? Wissen wir Bescheid, wie jetzt gelebt wird bei uns?

Als mir Manfred Bosch eine Fotokopie der Lebenserinnerungen von Heinrich Georg Dikreiter zugänglich gemacht hatte, dachte ich während des Lesens des öfteren daran, dass auch durch das veröffentlichende Bürgertum erst die Hälfte des Wirklichen erfahrbar wurde. Der Kleinbürger hat dem Bestand des Öffentlichen vielleicht weniger zugefügt als abstrakt erwartbar gewesen wäre, weil er seine Veröffentlichung nach Maßgabe der vom Bürgertum bestimmten Form entrichtete. Er akzeptierte den Entwicklungsroman als Vehikel und eiferte nicht seinem einschlägigen Vorgänger Karl Philipp Moritz oder Jean Paul nach, sondern dem vom Bürgertum ins Übermenschliche versetzten Goethe. Aber was beklage ich mich. Ich kenne ja nicht einmal die wichtigsten Kleinbürger-Romane und -Memoiren, die im 19. Jahrhundert doch noch geschrieben wurden. Ich kenne fast nur die bürgerliche Tradition. Zwischen Karl Philipp Moritz und Jean Paul einerseits und Robert Walser und Franz Kafka andererseits klafft bei mir eine Lücke. Ist das meine Schuld? Oder ist das typisch? Gottfried Keller und Stifter, ja, die retten mich ein wenig vor dem Gefühl völliger Ignoranz. Meine Lücke kommt mir vor, ist ein Abbild der Traditionsgewohnheiten, die das Bürgertum für seine eigene Emanzipation entwickelte. Ich habe gelesen, was

MAN liest, wenn man in der zweiten Hälfte dieses Jahrhunderts ein bisschen Literaturgeschichte studiert. Jetzt las ich die *Geschichte einer Proletarierjugend*, so der Untertitel der Dikreiter-Erinnerungen. Erschienen 1914 im Verlag »Buchhandlung Vorwärts Paul Singer« in Berlin. Geboren ist der Autor 1865 in Straßburg. Seine Mutter, eine Straßburgerin, war nicht mit seinem Vater, einem in Konstanz geborenen Wagner, verheiratet. 1870 wurde der Vater von den Franzosen vertrieben, nach der Kapitulation der Stadt kehrt er zurück, die Frau ist tot, die Kinder sind im Waisenhaus, er nimmt die zwei Kinder mit nach Immenstaad am Bodensee, wo seine Familie ursprünglich herstammt. Nach dem Krieg geht er wieder nach Straßburg, Heinrich kommt in ein Waisenhaus nach Andlau im Elsass, dann nach Konstanz, dann nach Hegne, dann zu Pflegeeltern nach Daisendorf bei Meersburg, dann in eine Lithographenlehre nach Überlingen, dann in eine Schreinerlehre, dann geht er auf die Walz, dann zum Militär, dann wieder auf die Walz, dann lernt er die Arbeiterbewegung kennen, heiratet, hat eine Zweizimmerwohnung in Ludwigshafen, verliert immer wieder seine Arbeitsstelle, beginnt für die Mannheimer Volksstimme und für die *Pfälzische Post* zu schreiben, wird, kurz nach seinem Eintritt in die SPD, in das »Agitationskomitee für die Pfalz« gewählt. Er schreibt jetzt auch für die *Leipziger Volkszeitung*. Im November 1898 wird er Redakteur der *Pfälzischen Post*, damit ist seine Laufbahn als Arbeiter zu Ende.

Die Härte dieser 33 Proletarierjahre machen Dikreiters Lebensgeschichte zum Abenteuerbuch. Die Härte, die auf diese Kindheit und Jugend und auf die Arbeiterjahre drückt, stört das Bild, das ich vom 19. Jahrhundert habe. Ich, ein Leser der guten deutschen Literatur. Stifters und Kellers Helden leiden jene Art Not, mit der man sich gern befreundet. Die innigen Schmerzen einer fast schon geretteten Klasse. Auch die schönen Volkslieder, in denen Herr Meister und Frau Meisterin besungen werden oder das grüne, grüne Tal, verschweigen die Härte, mit der der Meister Peterle in Überlingen seine Lehrlinge von sechs Uhr morgens bis sieben Uhr abends ausgenützt hat. Wenn wir uns von Stifters Hochwald in Stimmung bringen lassen, sollten wir die Schwarzwaldüberquerungen des Handwerksburschen Dikreiter sozusagen mithören: »Bald fing es auch an, im Osten zu dämmern, und hätte ich nicht einen solch nagenden Hunger gehabt, hätte ich mich nicht hundemüde und wie an allen Gliedern gerädert gefühlt, hätte ich nicht innerlich und äußerlich gefroren, und wäre ich nicht auf Gott und alle Welt und mich selbst wütend gewesen bis zur Verzweiflung, hätte ich gewiss auch dem Aufgang der Sonne eine größere Beachtung geschenkt, als ich es tat.« Natur findet in dieser Lebensgeschichte nicht statt, es sei denn als Hitze, Kälte, Hunger und Durst. Was stattfindet, ist Gesellschaft. Veröffentlicht wurde diese Geschichte proletarischer Lebensmühsal im Jahr 1914. In der Schilderung seiner Militärzeit konnten die wilhelminischen Deutschen Folgendes lesen: »Es wäre eine grässliche Lüge, wenn ich sagen würde, das sei etwa der erhebendste Moment meines Lebens gewesen, da ich die Zivilkleidung ablegte, um die Artillerieuniform an den Leib zu ziehen; ja, es wäre schon eine krasse Lüge, wenn ich behaupten wollte, es sei auch nur ein irgendwie erhebendes Gefühl gewesen, das mich beherrschte, nachdem ich die militärische Umwandlung meines bürgerlichen Menschen vorgenommen hatte. Gerade das Gegenteil von all dem ist der Fall gewesen: Noch nie in meinem Leben kam ich mir so unsagbar lächerlich und albern vor wie in dem Augenblick, da ich zum ersten Mal als Soldat vor dem Spiegel stehend mein Konterfei anstarrte. Ich konnte mir nicht helfen: Ich musste hell auflachen, als ich mich so buntscheckig geputzt sah. Mein erster und einziger Gedanke war: Das ist ja die reinste Fastnacht.«

Das war sicher nicht der Ton, in dem man anno 14 vom Ehrenkleid der Nation redete. Thomas Mann, zum Beispiel, den, als er dran gewesen wäre, ein der Familie gewogener Arzt vor solcher Umkleidung bewahrte, sah es deshalb auch ganz anders. Nietzsche hereinnehmend schreibt er: »Wie dieses Volk sich ausnimmt, wenn es gilt, bei einer wirklichen Not des Vaterlandes auf dem Platz zu sein, haben wir Anfang August 1914 gesehen, überaus schön nimmt es sich aus; wir möchten glauben: so schön wie kein anderes.« (*Betrachtungen eines Unpolitischen*, Berlin 1918, S. 79) Und in der Friedrich-Schrift, gleich zu Beginn des Krieges: »Deutschlands ganze Tugend und Schönheit – wir sehen es jetzt – entfaltet sich erst im Krieg.« (*Friedrich und die große Koalition*, Berlin 1915, S. 23) Ob wir die Stimmung dieser Proletenbiographie mit Thomas Manns Stimmungen, mit Mahler-Musik oder mit Klimts Bildern vergleichen, es ist, als hätte Dikreiter in einer anderen Zeit gelebt. So getrennt existieren die Klassen. Deshalb kommt er auch zu einem ganz anderen Ziel als die Helden bürgerlicher und kleinbürgerlicher Entwicklungsromane seiner Zeit. Hans Castorp findet, dass der feinere Weg zum Leben der über den Tod sei, dass überhaupt der Tod feiner sei als das Leben – und verschwindet irgendwie im Weltkrieg eins. Robert Walsers Jakob von Gunthen (1908) findet überhaupt nichts; ihm wird als Selbstbewusstsein in der bürgerlichen Gesellschaft nur das Bewusstsein empfohlen, dass er eine »reizende kugelrunde Null« sei, also haut er ab, verlässt den wirklichen Schauplatz ganz und gar, flieht in die Phantasie: »Gott ist mit den Gedankenlosen.« Die wie ein Entwicklungsroman deutlich tendierende Lebensgeschichte Dikreiters führt kerzengerade in die Sozialdemokratie hinein. Und darüber wundert man sich beim Lesen kein bisschen. Im Gegenteil: Nach so viel Unterdrückung und Ausbeutung ist es eine Art Erlösung für den Leser, dass der Getretene endlich zu reagieren beginnt, dass er anschreibt gegen die Unempfindlichkeit der bürgerlichen Herrschaft und dass er sich zu seinem Schutz organisiert. Politischer Journalismus und sozialdemokratischer Agitationsausschuss sind nach dieser Lebensgeschichte genauso fällig wie Tod und Auflösung am Ende der Castorp-Geschichte. Also SPD als happy end. Das ist sehr befriedigend. Heute könnte einer weder im Roman noch in einer Autobiographie einen solchen Befriedigungseffekt erzielen, wenn er seine Figur in einer Partei aufgehen ließe. Für Dikreiter und seine Leser war die Partei das, was die Schlossgesellschaft und die Hochzeit mit der adeligen Nathalie für den nach gesichertem Selbstbewusstsein strebenden Wilhelm Meister war. Dikreiter wollte aus der Rechtlosigkeit heraus, aus dem Zustand, in dem er eine Null war, mit der der Fabrikant umgehen konnte, wie er wollte: Die Sozialdemokratie versprach dem, der mitkämpfen wollte, Veränderung der Welt. Unserer geradezu zu unserer Geschichte gehörenden Bildungslücke ist es zuzurechnen, dass wir ein Geschichtsbild, eine Geschichtsgefühl, ein Geschichtsunterbewusstsein haben, in dem die Hälfte der geschichtlichen Welt gar nicht vorkommt. Wir können uns der Daten versichern. Es gibt Sozial- und Industriegeschichte. Aber unsere Empfindung ist schon gestimmt von Wagner und Nietzsche. Wir kennen, was Alfred Krupp seinen Arbeitern sagte, aber was seine Arbeiter sagten, wissen wir nicht. Durch Dikreiter erfahren wir ein bisschen etwas aus den stummen, den leidenden Bereichen. Es ist übrigens kein Klageton, kein Bitterkeitston, kein Elendston, in dem er erzählt. Die Härte macht ihn sarkastisch, das Grauen beantwortet er mit fast fröhlichem Zorn. Und die Süße des 19. Jahrhunderts fehlt nicht. Das, was wir so mögen. Der Handwerksbursche, der es nicht über sich bringt zu fechten, der um nichts einkommt als um das »Ortsgeschenk«, das ihm einmal im Jahr pro Gemeinde zusteht. Das Waisenkind, das bei seinen bäuerlich-handwerklichen Pflegeeltern auf dem »Oberboden« »einen Pack gut erhaltener alter Nummern vom Schwarzwälder Boten entdeckt« und die im Stall, wo er eigentlich Kühe striegeln soll, »verschlingt«. Grauen und Süße, wie sie so genau gemischt am liebsten in Schubert-Liedern vorkommen, scheinen aus der alemannischen Proletarierbiographie. Aber da es sich eben um eine proletarische sozialdemokratische Variante handelt, existiert das Buch als Lücke: man kann es nicht kaufen. Unter den tausend »Reprints«, die jetzt von findigen Verlegern gewinnreich verscheppert werden, um uns die Vergangenheit als Kuriositätengelände so recht schmackhaft zu machen, ist diese wahrhaft bewegende Proletariergeschichte nicht zu finden. Die sozialdemokratische Partei selbst hat ja mit Pflege des historischen, des geistigen Erbes sowieso nicht viel im Sinn; die verkauft Verlage, in denen ein solches Buch neu erscheinen könnte. Also bleibt die Lücke eine Lücke.

(1981)

Schlageter

Eine deutsche Verlegenheit

Die kleinen Feiern, die NPD-Mitglieder und andere Freunde faschistischer Farben jedes Jahr am 26. Mai in dem Schwarzwaldort Schönau im Oberen Wiesental abhalten, werden allmählich von den Anhängern der Demokratie mit immer deutlicheren Gegendemonstrationen beantwortet. Der Schönauer Bürgermeister stellt das Verhältnis im Mai 1981 so fest: 100 rechte Schlageterfreunde, 2000 linke Gegendemonstranten. Mit dieser Zahlenangabe will der Bürgermeister ausdrücken, dass heute von links mehr Unruhe drohe als von rechts. Journalisten, die das anders sehen, zählten auch anders: 200 Rechte, 1500 Linke. Aus den weiterwogenden Leserbrief-Diskussionen im *Markgräfler Tagblatt* wird deutlich, dass die »Linken« überhaupt keine organisierbare Gemeinsamkeit haben. Dass sie »Linke« seien, ist manchen erst durch die bürgermeisterliche Einteilung bekannt geworden. Gemeinsam ist ihnen nichts als die Ablehnung des Faschismus. Das als »links« zu bezeichnen, ist riskant. Wer möchte dann noch »rechts« sein? Das offizielle Schönau selber möchte mit solchen Einteilungen am liebsten nichts zu tun haben: »Die Schönauer wollen in Ruhe, Freiheit und Frieden leben«, sagt der Bürgermeister. Deshalb bestellt er schon mal für den Mai ein paar Hundertschaften Polizei und lässt den Friedhof, auf dem die Faschismusfreunde am Schlagetergrab alljährlich den am 26. Mai 1923 auf der Golzheimer Heide bei Düsseldorf von den Franzosen Erschossenen feiern, mit Stacheldraht und modernster Schutz- und Schirmtechnik so schützen, dass Faschisten und Demokraten vor einander sicher sind und die Faschisten in Ruhe IHREM Schlageter Reden halten, die drei Strophen des Deutschlandliedes singen und danach ihre Schlageter-Orden verleihen können; an Rudolf Heß und diverse NPD-Funktionäre. Da unter den Gegendemonstranten die sogenannten K-Gruppen, denen die Sorge um unsere demokratische Entwicklung nicht geglaubt werden kann, mit flotten Parolen auffallen, findet das offizielle Schönau leicht Gründe gegen die antifaschistische Wachsamkeit am Grabe Schlageters. Gewerkschafter, K-Gruppen, Verfolgte des Nazi-Regimes werden dann zu EINER Sorte Ruhestörer im stillen Oberen Wiesental. Im Mai 1981 hat der Liedermacher Reinhard Valenta extra etwas gedichtet gegen die NPD-Feier. Dieses Lied, offenbar von einem jungen Demokraten, muss man zur Kenntnis nehmen, um das Schönauer Problem, das ein bundesrepublikanisches ist, zu verstehen:

Schlageter Spuren

Er zog eine Blutspur auf Deutschlands Straßen.
Die Spur des Faschismus, des Terrors, der Nacht.
Den sie heute ehren, Schlageter, der Mörder
hat streikende Arbeiter umgebracht.

Den baltischen Junkern, den Kapitalisten
von Rhein und Ruhr lieh er seine Hand.
Die Hand dieses Mörders, die Hand des Faschisten
erstickte in München den Räteaufstand.

Schlageter, der Bluthund. Für Kapp, Krupp und Lüttwitz
wütete er an der brennenden Ruhr.
Massaker und Morde an Männern und Frauen
waren Schlageters blutige Spur.

Und die ihn heut ehren, die träumen von gestern
und möchten schon morgen wieder zur Macht.
Und die sich heut wehren, die kämpfen gemeinsam,
dass hier der Faschismus nie wieder erwacht.

Nie wieder Faschismus! Nie wieder Kriege!
Nie wieder Auschwitz und Buchenwald!
Wir wollen nur eines: Leben in Frieden!
Drum wehren wir uns gegen die braune Gewalt!

Dieser »Bluthund« Schlageter schrieb, nachdem die Franzosen ihn im Mai 1923 zum Tode verurteilt hatten, an seine Eltern:

Am 10. Mai 1923

Liebe Eltern und Geschwister!

Höret das letzte aber wahre Wort Eures ungehorsamen und undankbaren Sohnes und Bruders.

Seit 1914 bis heute habe ich aus Liebe und reiner Treue meine ganze Kraft und Arbeit meiner deutschen Heimat geopfert. Wo sie in Not war, zog es mich hin, um zu helfen. Das letzte Mal hat mir gestern mein Todesurteil gebracht. Mit Ruhe hab ich es vernommen, ruhig wird mich auch die Kugel treffen. Hab ich doch alles, was ich tat, nur in der besten Absicht ausgeführt. Kein wildes Abenteurerleben war mein Verlangen, nicht Bandenführer war ich, sondern in stiller Arbeit suchte ich meinem Vaterlande zu helfen. Ein gemeines Verbrechen oder gar einen Mord habe ich nicht begangen. Wie alle anderen Leute auch über mich urteilen mögen, denkt Ihr doch wenigstens nicht schlecht von mir. Verurteilt Ihr mich nicht auch noch, sondern verzeiht! Versucht wenigstens Ihr das Gute zu sehen, was ich gewollt habe. Denkt auch in Zukunft nur mit Liebe an mich und haltet mir ein ehrenvolles Andenken. Das ist alles, was ich von diesem Leben noch verlange. Liebe Mutter, Lieber Vater! Das Herz droht mir zu brechen bei dem Gedanken, welch gewaltigen Schmerz und welch große Trauer Euch dieser Brief bringt. Werdet Ihr sie ertragen können? Meine größte Bitte wird bis zu meiner letzten Sekunde die sein, dass unser lieber Gott Euch Kraft und Trost senden möge, dass er Euch stark erhalte in diesen schweren Stunden. Wenn es

Euch irgend möglich ist, bitte ich Euch, mir noch einige Zeilen zu schreiben. Sie werden mich stärken auf meinem letzten Gang. Ich lege heute gegen das Urteil Revision ein. Nun lebt wohl, seid in Gedanken noch einmal gegrüßt von Eurem

Albert

Ich halte Schlageter weder für einen Bluthund noch für einen Mörder. Ich glaube, er sei ein deutsches Problem. Reiner, unverhüllter, lehrreicher kann unsere politische Misere nicht zum Ausdruck kommen als in dem, was mit Schlageter in Deutschland veranstaltet wird seit dem Erschießungstag im Mai 1923. Die Bundesrepublik – das ist Schönau im Oberen Wiesental. Wir können mit unserer Geschichte offenbar nur so umgehen: entweder schwarzweißrot und alle drei Strophen von *Deutschland, Deutschland über alles* oder: »Bluthund«, »Mörder«, Faschist.

Wenn man heute jemandem sagt, man beschäftige sich mit Schlageter, erregt man Verdacht, Zweifel oder Abscheu. Schlageter ist offenbar ein unantastbares Eigentum der Reaktion, des Faschismus. Unrettbar für die Geschichte eines demokratischen Deutschland?

Ich habe die Bücher und Schriften gelesen, die zwischen 1923 und 45 über Schlageter verfasst wurden. Ich verstehe, warum man mit Ekel und Abscheu reagiert auf diesen Namen, wenn man meint, Schlageter sei das, was der Nationalsozialismus aus ihm gemacht hat.

Ich halte ihn für einen Braven, für einen Katholiken, für einen Begabten, für einen Bauernbuben, für einen Reinen, für einen, der erzogen wurde, Höherem zu dienen. Zuerst war das die Kirche. Er wollte Pfarrer werden. Die Briefe, die er zwischen März 1915 und Dezember 1916 aus Nordfrankreich an seinen religiösen Erzieher, den Geistlichen Rat Matthäus Lang, geschrieben hat, drücken aus, dass dieser Soldat hauptsächlich darüber grübelt, ob er zur »Theologie berufen« sei oder nicht: »Sooft ich mich mit diesem Punkte beschäftige, zeigen sich bei mir Neigungen und Triebe, die, ich möchte fast sagen, mich zum geistlichen Stande hinziehen.« Die Stelle der Theologie, des geistlichen Standes nahm das Vaterland erst nach dem verlorenen Krieg ein. Zuerst war der Krieg etwas, in dem Gott die Besten und Tüchtigsten als Opfer fordert. Er sieht sich im November 1916, da er noch nicht gefallen ist, als einen offenbar »Unwürdigen«. »Aber welche Opfer der Herr auch fordert, wir sind bereit.« Wer sich in Briefen aus zwei Weltkriegen ein bisschen auskennt, muss zugeben, dass in Schlageters Briefen an keiner Stelle patriotische Hitze vorkommt. Die chauvinistischen Töne, die etwa Thomas Mann von 1914 bis 18 von sich gegeben hat, der sich mit Hilfe von bürgerlich-ärztlichen Beziehungen selber jeder Form praktischer Teilnahme entzog, sind einhunderttausendmal heißer, brünstiger als das, was Schlageter aus dem Feld schreibt. Kunststück. Dass sich in einer Münchner Edel-Villa leichter und glühender von der deutschen Berufung zum Krieg schwärmen lässt als im Unterstand in Nordfrankreich, sieht man ein. Schlageter gebraucht für seinen Dienst dort immer das Wort »Arbeit«. »Arbeit habe ich sehr viel, weil ich zur Zeit auch noch den Adjudanten vertreten muss.« (15.9.1918) Er war erfolgreich. EK I, Leutnant. Erst nach dem Krieg scheint er jener Patriot geworden zu sein, an dem sich der Nationalsozialismus bedienen konnte. Aber auch da war er kein Mörder und kein Bluthund. Er war auch ganz sicher nicht der Landsknecht, den man kaufen kann. Ohne dass die Religion für ihn an Kraft eingebüßt hätte, war jetzt seine Fähigkeit zum Dienst ganz auf das Vaterland gelenkt. Und dass es dem dreckig ging und dass diese Versailles-Misere einen so zum Opfer Erzogenen nun zum Freikorps-Kämpfer werden ließ, ist doch verständlich. Otto Flake charakterisierte die damalige deutsche Lage in einem Artikel in der *Weltbühne* (18.1.1923) so: »Welche Zeit, welch armes Land, dieses Deutschland. Nach außen ein getretener und misshandelter Prügeljunge, innen krebskrank und auf der Suche nach dem Prügeljungen, auf den es seinerseits die Schuld abladen kann.« Die Freikorpskämpfe im Baltikum und in Oberschlesien waren Produkte des Versailler Friedensvertrages, von dem damals vierzig englische Gelehrte in einer Erklärung sagten, er sei »von Rachsucht und Furcht eingegeben«. Und der Leitartikler der *Weltbühne*, Heinrich Strobel, am 4.3.1920: »Und die Entente darf sich rühmen, Deutschland das nationalistisch-reaktionäre Fieber erst recht eingehaucht zu haben.«

Schlageter hat sich, nach allen Berichten, nicht wie ein Landsknecht aufgeführt. Sein Motiv war idealistisch national. Die, die ihn heute verabscheuen, tun dies, weil ihn Neofaschisten zu ihrem Patron machen. In mir sträubt sich einiges gegen diese cooperative Vergangenheitsbewältigung. Es ist schon ekelhaft genug, was die Reaktion aus diesem Erschossenen herausgewirtschaftet hat. Ludendorff wollte gleich ein paar tausend Schlageterobeliske in Auftrag geben und Deutschland damit pfählen. Die literarischen Brüder Ernst und Georg Friedrich Jünger feierten ihn, als sei so ein Leben eine Art nationales Saatgut, mit dem man den Schicksalsboden dünge, dass daraus dann die pure deutsche Frucht erwachse. Hitler, Göring, Johst, alle arbeiteten sie mit an der Zurichtung einer dienstfrommen edlen Biographie zum nationalen Opferfetisch. Dass man sich opfern soll auf Teufel komm raus, dazu dressierten sie dieses schlichte Leben. Und das wollen die Unbelehrbaren unserer Tage in grauenhafter Weise fortsetzen. Und sie wollen denselben großen Stoff verhunzen, dieselbe schlichte Figur verfälschen und damit an die gleichen Bedürfnisse appellieren. Und wir sollen ihnen das wieder durchgehen lassen? Wir beschimpfen Schlageter und arbeiten dadurch mit an seiner Zurichtung und Weiterverwendung zur Galionsfigur der Reaktion. So gibt man Geschichte preis und damit Gegenwart verloren: auf Kosten besserer Zukunft.

Zum Glück ist jetzt zum ersten Mal ein Buch über Schlageter erschienen, das nicht den chauvinistischen Kultnebel der bisherigen Schlageter-Literatur ausströmt:

Manfred Franke, *Albert Leo Schlageter. Der erste Soldat des 3. Reiches. Die Entmythologisierung eines Helden*, Prometh Verlag, 1980.

Die Untertitel widersprechen einander ein bisschen, oder nicht? Man sieht, wenn man das Buch liest, nicht ganz ein, warum Manfred Franke es nötig zu haben glaubt, Schlageter weiterhin als ersten Soldaten des 3. Reiches zu führen. Das Copyright für diesen Satz liegt bei Hanns Johst; damit beendet der den 2. Akt seines Schauspiels *Schlageter.* Und Göring, dessen Frau, als sie noch Sonnemann hieß, bei der Uraufführung dieses Schauspiels die frei erfundene Schlageterfreundin Alexandra gespielt hatte, sagte beim ersten Schlagetermassenkult, bei der Feier des 10. Jahrestages der Erschießung ganz im Sinn des Jüngerschen Blutsaat-Mystizismus: »Aus dir sind Millionen geworden.« Aber Manfred Franke weiß das doch besser. Er ist ja der Erste, der mit den Dokumenten nach Historikerart umgeht, der sogar neue Dokumente ins Spiel bringt, mit denen der immer schon bestehende Verdacht, Schlageters Verhaftung durch die Franzosen sei auf Verrat zurückzuführen, konkretisiert werden kann. Manfred Franke will also mit seinem Buch hauptsächlich entmythologisieren. So sticht er denn eine Kultblase nach der anderen an, dass sie sich auflöse zu nichts und wieder nichts. Das war wirklich fällig. Ich hatte allerdings, als ich dieses Buch gelesen hatte, das Gefühl, Franke habe beim Kultblasenstechen manchmal mehr auf das Stechen als auf Schlageter geachtet. Bei dieser historischen Rationalisierungsarbeit tut Franke, glaube ich, Schlageter viermal unrecht. Erstens, wenn er behauptet, Schlageter habe erst als zum Tode Verurteilter etwas ihn selbst Transzendierendes entwickeln müssen, um die Hinrichtung besser zu bestehen. »Selbststilisierung« nennt Franke das. Von Kindheitsreligion bis Vaterlandsdienst hat es aber Schlageter nie an einer Bindung gefehlt, die ihn selbst überstieg und ihn deshalb zu Dienst und Opfer fähig machte. Zweitens: Franke sagt, was der Gefängnisgeistliche Faßbender, der Schlageter bis zum Schluss katholisch betreute, über dessen Religiosität mitteile, vermöge »letztlich nicht zu überzeugen«. Franke: »... mit der bloßen Aufzählung von Äußerlichkeiten wie dem Verhalten Schlageters und der Erwähnung von Briefen, die katholische Wendungen enthalten, lässt sich schwerlich das Christsein eines Menschen unbezweifelbar beweisen. Dazu hätte es eines theologisch und psychologisch stichhaltigeren Verfahrens bedurft.« Mir dagegen kommt es vor, als sei die Religiosität Schlageters von Anfang bis Ende unbezweifelbar. Sein Humanismus – wenn man mir gestattet, beim rechten Terroristen bzw. »Bluthund« so etwas zu entdecken – ist immer auf Religion gegründet. Sein Handeln Bedrohten gegenüber; die Art, wie er für das, was er tat, die Verantwortung übernahm; die Begründung, mit der er es ablehnte zu fliehen; und seine Briefe: Das ergibt für mich mehr als »katholische Wendungen«. Ich glaube, Franke hat sich an solchen Stellen von seinem höchst notwendigen und längst fällig gewesenen Rationalisierungsprojekt hinreißen lassen zu einem wieder ein bisschen puren Gegenton. Schlageter darf ALLES nicht gewesen sein, was seine nationalistischen oder katholischen Verklärer aus ihm machten. Das heißt, ALLES, was gut und recht wäre, darf er nicht gewesen sein. Das Anrüchige, Landsknechtshafte, Reaktionäre schon. Drittens, glaube ich, Franke gebe sich zu viel Mühe, Schlageter auch noch mit einem erotischen Motiv zu bereichern. Geschenkt, möchte man da sagen. Aber viertens –

und das ist wirklich wichtig –: Mir scheint, das überlieferte Material reiche nicht aus, von Schlageter zu behaupten, er habe »– nicht nur nach heutigen Begriffen – dem rechtsradikalen Lager« angehört. Franke: »Als die Franzosen diesen Mann exekutierten, beseitigten sie nicht nur einen aus dem Untergrund operierenden Widerstandskämpfer, der sich gegen willkürlich erlassene Gesetze vergangen hatte, sondern sie beförderten jemanden zu Tode, der zur *extremen deutschen Rechten* (bei Franke kursiv) gehörte.« Das klingt mir so unselig wie jener von Franke zitierte Tagebuch-Eintrag von Thomas Mann: »Der deutsche Wille zur Legende, zum Mythos, zu dem, was nicht wahr, aber schöpferisch ist, ein Wille gegen die Wahrheit, gegen die geistige Reinlichkeit: sehr roh hervortretend in den Fällen Schlageter und Wessel.« Da fühlt sich natürlich jeder Demokratie erbende und wild drauflos singende Enkel hoch legitimiert, aus dem, der in der Schreibmaschinenschrift der Schönauer Heimatchronik *Schlageter Bertli* heißt, einen Bluthund zu machen. Aber Schlageter hat, wie jeder, ein Recht darauf, unter den Bedingungen gewürdigt zu werden, unter denen er handelte. Was müsste man sonst von Thomas Mann selber denken, der zum Beispiel in jenem Krieg, in dem Schlageter schlicht seine Frontsoldatenarbeit tat, so dachte und schrieb: »Eine mechanisch-demokratische Abstimmung im Deutschland des dritten Kriegsjahres würde mit kläglicher Wahrscheinlichkeit eine erdrückende Majorität zugunsten eines sofortigen und bedingungslosen, das heißt ruinösen Friedens ergeben. Aber damit ist das Prinzip der Abstimmung ad absurdum geführt, denn das wäre mitnichten der Wille des Volks. Der Wille eines historisch aufsteigenden Volkes ist eins mit seinem Schicksal.« Wenn das nicht *Wille gegen Wahrheit* ist und »deutscher Wille … zum Mythos«! Aber es war eben Weltkriegszeit. Da schrieb eben der bürgerlich patriotische Humanist, nachdem er dargetan hatte, dass es menschlich war vom deutschen Offizier, Miss Cavell, weil sie, wegen Ohnmacht, nicht mehr vor den Mündungen stehen konnte, per Pistole zu erschießen: »Eine politische Handlung zu begehen, die vor Flintenläufe führen kann, sollte nur der sich befugt und berufen glauben, der einigermaßen sicher ist, angesichts der Flintenläufe *nicht* ohnmächtig zu werden.«

Wenn dem Humanismus zugerechnete Dichter sich so ausdrücken, wo sind dann die Grenzen für Täter? Aber Schlageter bedarf der Anrechnung solcher mildernden Umstände weniger als Thomas Mann. Er war schlichterer Art, weniger reizbar, (also?) weniger gefährdet.

Dass Schlageter sich vor der Hinrichtung ganz im Dienst Deutschlands gesehen habe, sei, so Franke, ein Vorgang, der in der Psychoanalyse *die Darstellung durch das Gegenteil* genannt werde. »… die Vehemenz, mit der er sich zu Deutschland bekannte, ist klar belegt. Sie spricht dafür, dass er das Gegenteil dessen darstellte, wonach ihm eigentlich zumute war.« Also, einen so kühnen Schluss möchte man wenigstens in einer Sprachform serviert bekommen, die den Inhalt noch in Bewegung zeigt. Ich will gern glauben, dass einer, bevor er hingerichtet wird, in sich etwas Immunisierendes, Anästhesierendes, ihn Tragendes mobilisiert. Und Schlageter wird schon seine Zweifel gehabt haben. Aber gleich diese besiegelnde Abpackung in zwei nicht mehr miteinander streitende Vorstellungen: weil er heftig deutsch auftritt, ist er's überhaupt nicht!? »Das Heldentum Albert Leo Schlageters beruht auf einer Fiktion«, sagte Franke. Gut. Ich weiß nicht, was nicht auf mindestens einer Fiktion beruht. Unser Anstand, unser gutes Gewissen, unsere Demokratie … Dass Franke im allerletzten Satz noch sagt, es sei die Frage, ob Schlageters politische Ziele denen der ihn zur Propaganda benützenden Nationalsozialisten »so gänzlich fremd gewesen wären«, gibt einer kritischen Vermutung geradezu Gewissheitsgewicht. Ja, wenn es nur Selbststilisierung, katholische Redewendung und Darstellung durch das Gegenteil war, was er produzierte, dann war er einer, den wir dem Gespensterreigen der NPD auf dem Schönauer und anderen Friedhöfen überlassen sollten. Ich bin dieser Meinung nicht. Der selber von der Weimarer Reaktion verfolgte und schließlich ins Exil vertriebene Emil Julius Gumbel schrieb in seinem 1924 im Malik-Verlag erschienen Buch *Verschwörer. Zur Geschichte und Soziologie der deutschen nationalistischen Geheimbünde 1918-1924* über Schlageter: »Er war beseelt von jenem Fanatismus, der allen wahren Revolutionären eigen ist.« Etwas von dieser Achtung möchte man fordern, auch von jener Achtung, die Karl Radek bezeugte in seiner allerdings von aktuellen Zwecken bestimmten Schlageter-Rede am 20. Juni 1923, auf der Sitzung der Erweiterten Exekutive der Kommunistischen Internationale in Moskau. Wir wissen nicht, ob Schlageter sich, hätte er 1933 erlebt, »höchst königlich bewährt« hätte, oder ob er wie Millionen andere ein Nationalsozialist geworden wäre. Ihn mit Horst Wessel in einem Atemzug zu nennen, wie es Thomas Mann tut, empfinde ich als roh und willkürlich. Es wird doch zwischen der Vereinnahmung durch die für Blutdünger werbenden Gebrüder Jünger und der rohen Verachtung, mit der Thomas Mann Schlageter zur Wesselgefolgschaft verdammt, noch einen Platz geben in dieser deutschen Geschichte! Das Letzte, was Schlageter selber mitteilen konnte, ist ein Brief, den er, als er nachts geweckt wurde und erfuhr, dass es jetzt zur Erschießung gehe, noch rasch schrieb. Der lautet so: »26. Mai 1923. Liebe Eltern! Nun trete ich bald meinen letzten Gang an. Ich werde noch beichten und kommunizieren. Also dann auf ein frohes Wiedersehen im Jenseits. Nochmals Gruß an Euch alle, Vater, Mutter, Josef, Otto, Frieda, Ida, Marie, die beiden Schwäger, Göttis und die ganze Heimat. Euer Albert.« Der rationalisierende Historiker wird darin jede Menge Selbststilisierung, katholischer Wendungen und Darstellung durch das Gegenteil sehen. Ich sehe in diesem Brief eine Aufzählung dessen, was in diesem Schlageter-Leben die größte Rolle spielte. Also einen Helden des Nationalsozialismus sehe ich darin nicht präformiert. Aber dafür gab es ja dann die Präparatoren. Es gibt in dieser braunen Präparatur einen einzigen Augenblick, über den sich zu sprechen lohnt: die Rede, die Martin Heidegger als Rektor der Freiburger Universität zum 10. Jahrestag der Erschießung hielt. Das ist keine Pflichtübung. Heidegger sagt, Schlageter sei »den schwersten und größten Tod gestorben«. Weil wehrlos und allein. Er fragt, woher Schlageter die »Härte des Willens« und die »Klarheit des Herzens« gehabt habe für dieses Schwerste und dieses Größte. Er führt die Willenshärte auf das Urgestein der Schwarzwaldberge, den Granit, zurück. Die »Klarheit des Herzens« werde von der »Herbstsonne des Schwarzwaldes« genährt. Außerdem wird nur noch gesagt: »Er *musste* ins Baltikum, er *musste* nach Oberschlesien, er *musste* an die Ruhr.« Die Studenten sollten, sagt Seine Magnifizienz, sich das alles zu Herzen nehmen. Ich weiß schon, dass es inzwischen leicht ist, diese Rede für eine Beschwörung von Mythenkulissen zu halten. Ich gestehe, dass ich finde, so könne man über Schlageter reden. Aber das ist meine Sache. Wer die Rede nicht mag, soll sie, von mir aus, nicht mögen. Aber warum soll man die Sozialgeschichte nicht auch durch Daten der Naturgeschichte ausdrücken. Komisch ist dieses Heidegger-Vokabular nur, wenn man es für metaphorisch hält. Aber Heidegger ist kein Schutz und Schirm für das, was uns bevorsteht: die Konfrontation der nach Zahlenstärke gierenden NPD mit der demokratischen, wenn auch arg gemischten Gegendemonstration. Da Schönau die Bundesrepublik und die Bundesrepublik Schönau ist, ist es eine schreckliche Vorstellung, dass wir unser Auskommen finden wollen mit Polizeilösungen. Mit Polizeitechnik wollen wir uns die Auseinandersetzung mit unserer Geschichte ersparen. Dabei weiß jeder an solchen Mogeleien beteiligte Sozialtechniker: versäumte Auseinandersetzung produziert Konfrontation. Womit wir bei der Schule sind, in der Schule sind. Schlageter gehört nicht auf die Straße und auf den Friedhof, sondern in die Schule. Die Geschichtslehrer in Baden-Württemberg sollten endlich vorangehen und Schlageter zum Gegenstand der Auseinandersetzung machen. Ein Schlageter-Lesebuch herausgeben, das alle Texte Schlageters und alle Texte oder doch die wichtigsten über Schlageter enthielte: Karl Radek, Moeller, van den Bruck, Graf E. Reventlow, Friedrich Georg Jünger, Reichskanzler Cuno, Hanns Johst, Martin Heidegger ... Dazu die Quellen zu den Baltikum-, Oberschlesien- und Ruhrtaten. Die Akten des Terrorprozesses gegen Schlageter, das Terrorurteil, die Terrorvollstreckung. Der unselige Zugzwang, in den sich Poincaré durch seine erfolglose Ruhrbesetzung gebracht hatte: keinen Spielraum lassend für Vernunft oder wenigstens Begnadigung. Eine zur Auseinandersetzung zwingende Anthologie deutscher Geschichte. Dass jeder von uns sich am Ganzen beteiligt sähe. So ist es doch in Wirklichkeit. Wir sind nicht nur Partei. Die Dialektik, nach der wir uns bewegen, lässt uns offenbar mehr Stationen passieren, als im Schema von Links und Rechts jeweils Platz haben. Darf oder muss der historische und der gegenwärtige Bestand in linke und rechte Domänen zerfallen? Es ist noch keine 20 Jahre her, da glaubte eine Sorte Intellektueller, *Wald* sei etwas Reaktionäres, *Gesangverein* auch. Jene militante Friedhofs-Schar, die durch keine Katastrophe aus ihrer reaktionären Unbelehrbarkeit aufgeschreckt werden kann, sollte durch uns nicht immer nur in ihren Parolen fixiert und bestätigt werden. Wir haben denen etwas streitig zu machen. Schlageter, zum Beispiel. Schon um des historischen Anstands willen. Aber auch wenn uns das alles egal sein möchte, die Zuschauer dieser Szenen dürfen uns nicht egal sein. Schönau ist die Bundesrepublik. Abwiegeln, Verdrängen, Stacheldraht, Absperrungsgerät, geschichtsloses Verdammen, Vergangenheits*bewältigung* …: das sind unsere Mittel. Weil wir Jahre und Figuren aus unserer Geschichte heroisieren oder streichen, je nachdem, deswegen ist unsere Nationalität zur heutigen Passform degeneriert. In prekären Augenblicken, wie zum Beispiel im Herbst 1977, erschrickt man, wenn man plötzlich bemerkt, wie der Demagoge vom Dienst die sogenannte Volksseele kitzelt. Plötzlich kann einem die ganze schöne Herzeigeform der Republik wie eine aufgeklärte Präsentier-Maske vorkommen, hinter der es atavistisch brodelt. Aber der prekäre Augenblick ist wahrscheinlich immer. Und wir sind immer nur gerüstet, aber nie vorbereitet.

(1981)

Von Wasserburg an

Alle Menschen sind am 24. März 1927 in Wasserburg am Bodensee geboren. Das ist länger her, als die Jahreszahlenrechnung vermuten lässt. DAMALS, das ist inzwischen ein Wort, so gewaltig wie ein Pfahl, den man hier in die Erde treibt, damit er bei Neuseeland wieder an die Sonne komme. Manche versuchen jetzt herauszubringen, ob der 24. ein Sonntag oder Freitag war und wie die Sterne standen. Andere durchblättern Kirchenbücher nach den Fluglinien und Kriechspuren der Vorfahren. Fast alle werden, je weiter der 24. März 1927 im Zeitenmoor versinkt, desto eifrigere Historiker. Alle Menschen wollen offenbar zurück. Oder sie wollen wenigstens jetzt nicht mehr weiter. Sie möchten endlich bremsen. Sie möchten sich des 24. versichern. Sie haben noch eine Ahnung, wie das war in dieser Bahnhofwirtschaft, die dem Bahnhof gegenüber steht, aber sich durch ein paar Ziegelsteingesimse zu seiner gänzlichen Ziegelsteinhaftigkeit bekennt. Man kann sich schwer wehren gegen diesen rötlichen Bahnhof, der ja der Bahnhof aller Bahnhöfe ist. Schließlich hat die Menschheit mit Kreidebrocken, die nicht aus Schreibwarengeschäften stammten, auf seinen Ziegelsteinrechtecken gelernt, sich auszudrücken. Und wenn dann der Vorstand kam! Gott musste in der ersten Religionsstunde nur noch in dessen Reichsbahnuniform schlüpfen und hatte gewonnen. Für immer makellos, das Mützenrot, der Bärtchenglanz, das Rot und Grün der Blechscheibe am hölzernen Stil. Mit dieser Kelle konnte man Josef freie Fahrt nach Ägypten und Petrus Halt im Pilatushof signalisieren …

Die Bahninteressenten kehren nicht mehr zurück, das ist klar. Sie sind verloren. Man denke nur an die Anziehungs- und Fassungskraft der höherstehenden und aus ebenso schönen Ziegeln erbauten Güterhalle, an ihre kirchenhaften Westfenster, an die für Barfußsohlen spreißelspreizenden hölzernen Rampen, an den Geruch von allen Gütern, an den Verkehr mit der Welt. Da ich zwar auch im Eisenbahnwesen des Jahres 1927 untergehen möchte, aber nicht darf, trenne ich mich von denen, die bei den Grafikrätseln der Frachtbriefe und den werktäglichen, aber stolz schnaufenden Lokomotiven untergehen. Wo einer auf diesen Vergangenheitsboden tritt, ist er verloren. Er versinkt wirklich. Kommt nie mehr zurück. Das liegt einfach an der Tiefe des Bahnhofwirtschaftswesens in Wasserburg am Bodensee um das Jahr 1927. Selbst wenn die Gemeinde nur 600 oder 800 Einwohner gezählt haben mag und von denen nur 150 in die Wirtschaft gekommen sind, waren es in Wirklichkeit doch Tausende und Abertausende, weil doch im Lauf der Jahre jeder hunderte von Malen eintrat und auftrat und jedes Mal als ein anderer. Eine schon wieder ins Unendliche tendierende Multiplikation. Und die Fremden! Die gabs ja auch. Die mussten doch den Einheimischen sagen, dass das Dorf am Bodensee liege und dass das nicht nur für Fischer und für den Friedhof günstig sei. Was taten sie noch? Die ließen auf gerade aufgeschnittene Semmeln, die sie mit der von der Bäckerwärme sich auflösen wollenden Butter bestrichen hatten, Honig triefen; durch die Morgensonne ließen sie den triefen. Morgensonnenhonig ließ der Fremde damals auf bäckernestwarme, also butterschmelzende Semmeln triefen, dann biss er hinein. Er saß ja auf der blechgedeckten Terrasse; in der Terrassenmauer hatte der alles bauende Großvater, damit es leicht und luftig bleibe, jeden zweiten Ziegelstein weggelassen; aber die Geranien strudelten dicht und wild aus ihren Kästen auf dieser halbhohen Mauer. Damit könnten sich die, die sich noch nicht an den Bahnhof und nicht an die Fremden plus Honigsemmeln verloren haben, an die Geranienkästen verlieren. Wer da einsteigt, kommt im Herbst unweigerlich in den Keller, wo die Geranien auf

Gestellen überwintern, wo es friedhofhaft riecht, wo der Kartoffelkeller mit weißen Trieben, der Weinkeller mit feurigen Düften benachbart ist. Dort gibt es zum Verlorengehen auch noch den Obstkeller. Den Eiskeller, in dem die Schweinehälften senkrecht hingen und breit die Brust des Kalbs und als Ketten die Würste. Und die Waschküche. In der wird geschlachtet. Für immer. Aber alle, die sich über drei Stufen hinausretten in den Hof, sind in Gefahr, im nur zu ertastenden Dunkeltum von Remise, Schopf oder Stall zu verschwinden; da soll es ruhig nach gequälter Katze riechen, nach betasteten Mädchen, Kohle, gemischtem Kinderurin. Oder ist es besser, den Apfelbäumen zu verfallen, dem Birnenspalier, der Traubenwand, den hohen Stößen aus Holz? Eine Holzhandlung gehörte doch auch dazu. Und die Kohlenhandlung. Auch mit Fetten war ein glückloser Handel versucht worden. Angorahasen sollten verkäufliche Wolle bringen. Silberfüchse waren vorgesehen. Der Nachbar probierte Biber. Nein, die unglückliche Ökonomie dieser Jahre ist fast das Attraktivste. Weg davon. Wohin? Zum Nachbar Schuhmacher? Aber zu welchem, wenn zwei Schuhmacher ihre Lederdüfte und Sohlgeräusche von Ost und Südwest her senden? Oder gleich zum Schreiner, der, bevor er mit einem sprechen konnte, seine irrsinnigen Maschinen zum Schweigen bringen und, um die Augen richtig öffnen zu können, das Sägmehl aus der Luft wischen musste.

Er soll weder Maschinen abstellen noch Sägmehl aus der Luft wischen. Wenn zu der unendlichen Gegenständlichkeit auch noch die Zeit ihre Macht andeuten dürfte, gibt es gar keine Rettung mehr. Dann wäre nicht mehr zu verschweigen, dass zum Anwesen an der Terrassenecke, die höchste Fahnenstange des Dorfes gehörte, bestimmt dafür, ortsfremde, aber weiß-blau durchgesetzte Belange zu feiern; aber dann wurde, weil ein noch fremderes Vaterland uns rekrutiert hatte und weil vor dem Bahnhof Platz war für die Aufstellung von Marschkolonnen und weil nach der Auflösung derselben ein Bier erwünscht sein konnte, deshalb wurde zur Attraktion von Durstigen also auch die schwarzweißrote Fahne und dann auch noch die schwarzweißrote plus Hakenkreuzkreis gehisst. Da begänne die Handlung. Ich lasse die Kolonnen des Kriegervereins, Gesangvereins, Musikvereins, der Marine-SA unformiert. Die Fahnen bleiben unentfaltet in der Wirtschaft, wo sie werktags bei den Pokalen verdämmern. Wir waren der Tummelplatz jeder Geschichte. Wir haben keine ausgelassen. Hier würden sich Wege trennen, und jeder würde zum Entsetzlichen führen. Ein Krieg begänne. Ein Dorf würde überleben, um dann in der Neubauzeit unterzugehen. Alle 1927 in Wasserburg Geborenen bzw. alle Geborenen bzw. alle verlieren Wasserburg. Es ist nicht zu retten. So wenig wie die Menschen selbst. Als wir alle noch in jenem Wasserburg lebten, wussten wir nicht, was das einmal für uns bedeuten würde. Von heute aus gesehen, bewegten wir uns DAMALS wie im Traum, wie auf der Bühne, wie im Roman. Dann kam der Auszug. Wir glaubten, Wasserburg verlassen zu können. Die Gegenwart winkte uns. Der Dialog wurde geübt. Die Behauptung geprobt. Die Verwirklichung von etwas, das wir selbst nicht kannten, aber durch die Verwirklichung kennenlernen wollten: das sogenannte Selbst. Kannst du dazu auch noch Geld verdienen? Alles wurde mit allem in Einklang gebracht. Und es wurde drauflosgelebt. Menschenfresser gab es nicht mehr, nur noch Anpassungsmeister: Professoren, Ärzte, Schriftsteller, Unternehmer, Pfarrer und Politiker, die dich bildeten für ihre Gegenwart. Du hast alles nachgemacht und den jeweils üblichen Preis bezahlt. Bis du merkst, was du tust, hast du es getan. Bis du merkst, dass die Korrektur einen neuen Irrtum installiert, ist der schon installiert. Bis du merkst, dass es zu spät ist, ist es zu spät. Was hast du getan? Zu wenig. Und das Wenige zu schnell. Das ist eben so. Ist das so?

Bleibt das so? Du musst alles noch einmal durchnehmen, Mensch. Von Wasserburg an. Jetzt ist alles Stoff. Von Wasserburg an. Jetzt, nachdem nichts mehr Leben und alles Stoff ist, kann man vielleicht endlich was anfangen damit. Von Wasserburg an.

(1981)

Über den Autor

MARTIN WALSER, geboren 1927 in Wasserburg am Bodensee. Lebt in Nußdorf bei Überlingen. Zahlreiche Buchveröffentlichungen und Literaturpreise.